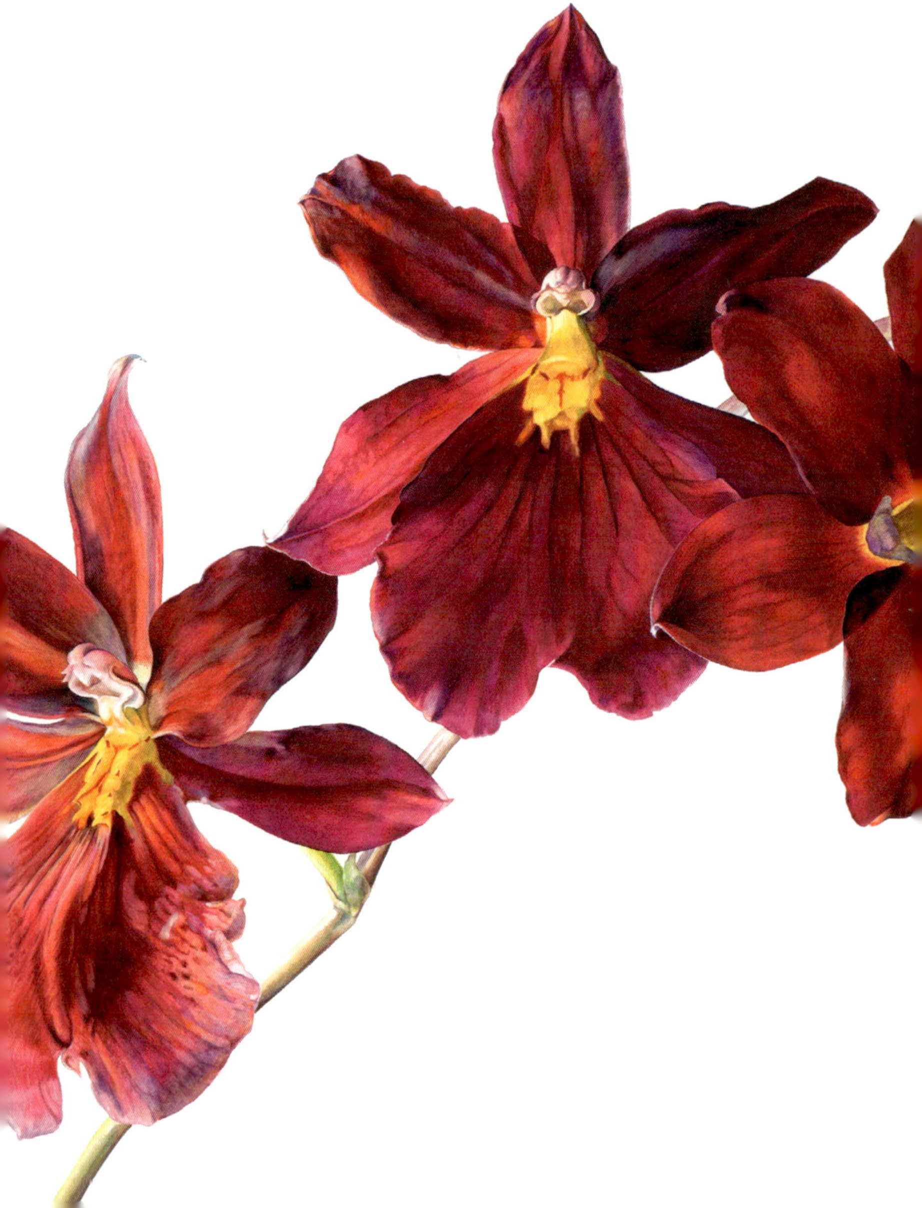

Rosie Sanders

Überwältigende Blüten

Mit Texten von
Andreas Honegger

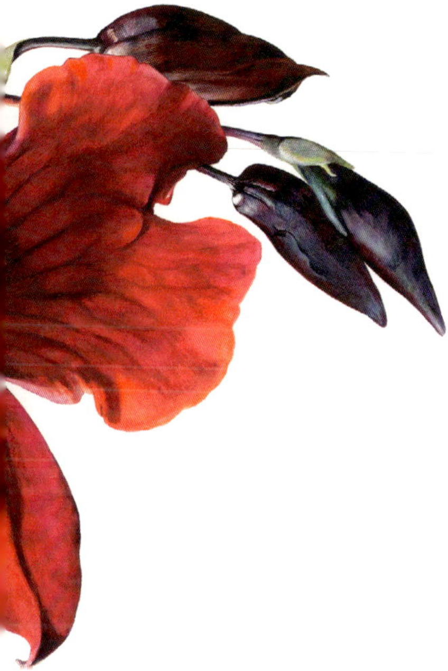

Insel Verlag

Insel-Bücherei Nr. 2053

Inhalt

Von der Blume zum Bild
Vorwort von Rosie Sanders
7

Die Dramatik der Stille
Einleitung von Andreas Honegger
10

I. Vielfalt im Garten
16

II. Die Magie der strahlenden
oder düsteren Exoten
39

III. Die Faszination der Orchideen
58

IV. Liliengewächse,
die den Frühling einläuten
73

V. Spielarten der Belladonna
84

VI. Die Suche nach der Schwarzen Iris
97

Literatur
111

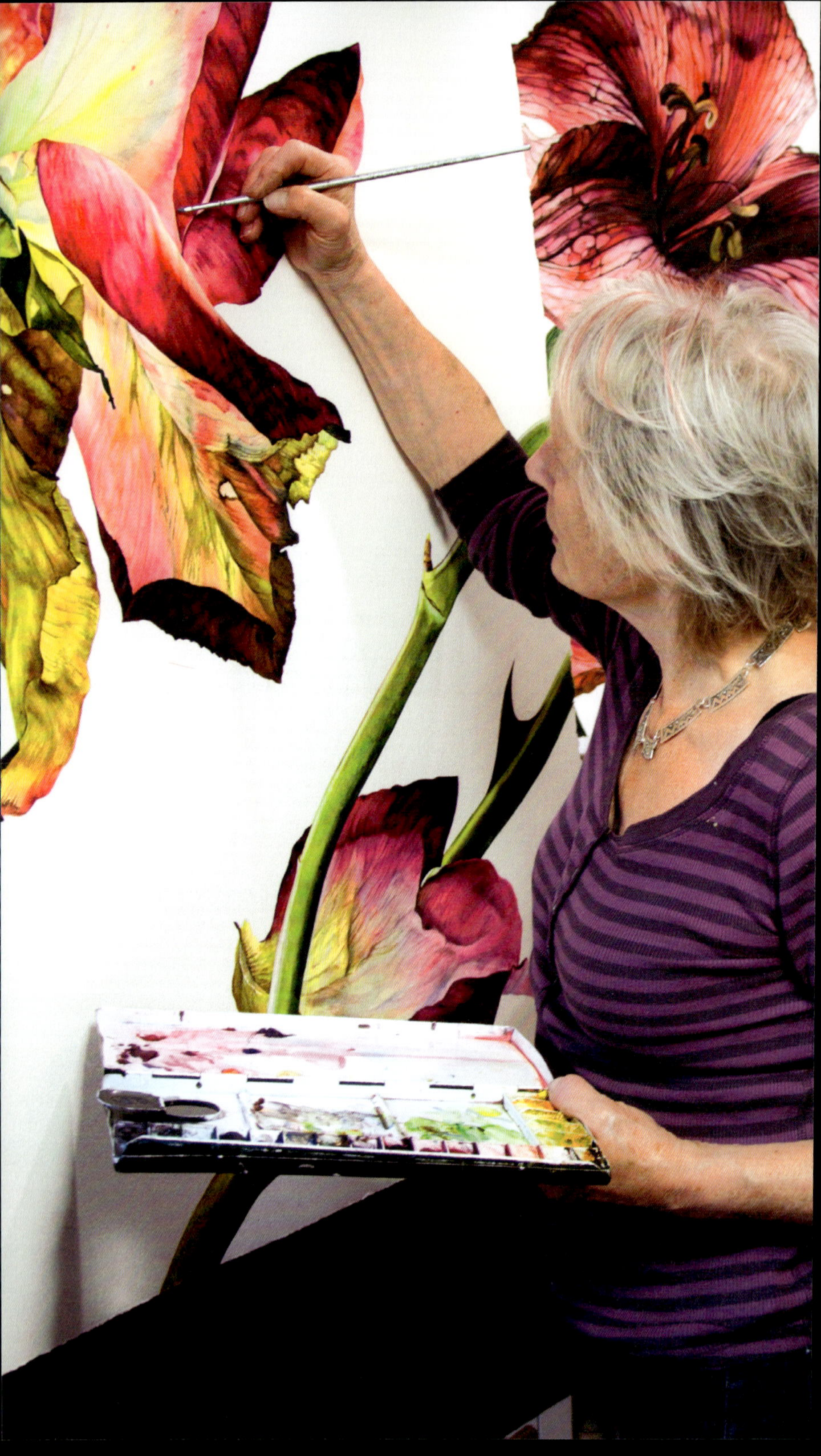

Von der Blume zum Bild

Auf gewisse Weise denke ich immer an ein Bild oder suche unbewusst nach einem neuen Motiv: Das Gefühl und die Leidenschaft dafür liegen mir im Blut und nehmen einen großen Teil meines Lebens ein. Wenn ich vollkommen in meine Arbeit vertieft bin, geht sie mir leicht von der Hand. Was nicht heißt, dass ich sie als einfach empfinde, aber es ist so, als würde ich in diesen Momenten mit dem Strom schwimmen statt dagegen.

Ich denke sehr intensiv über mein nächstes Bild nach, bevor ich es überhaupt zu Papier bringe. Ich sammle unablässig Objekte und Motive, und selbst wenn ich niemals all diese Dinge je werde malen können, habe ich doch gerne eine große Auswahl um mich herum. Es ist schwierig zu sagen, nach welchem Motiv ich genau suche oder wieso meine Wahl auf eine bestimmte Pflanze oder Blume fällt, aber im Allgemeinen achte ich auf Form und Farbe. Die Art der Pflanze ist für mich nicht der wichtigste Aspekt, und somit sind meine Bilder – trotz der Pflanzen- und Blumenmotive – keine traditionellen botanischen Darstellungen. Dazu muss ich sagen, dass es mir aber sehr wichtig ist, der Natur und Form der Pflanze, die ich ausgewählt habe, treu zu bleiben; die Bilder sollen in ihrer Darstellung eine große Genauigkeit aufweisen.

Am meisten faszinieren mich auffällige Formen, Strukturen und Muster. Ich mag lineare Formen, sie ermöglichen es, mit Räumlichkeit zu spielen. Vor allem gefallen mir dunkle Farben, ganz besonders Schwarz, da in diesem Farbbereich ganz feine dunkle Töne entstehen, die voneinander zu unterscheiden fast unmöglich ist. Es ist ein Gefühl, wie wenn man

in der Dämmerung spazieren geht, man kann nur ungefähre Formen und Farben ausmachen, und alles erscheint geheimnisvoll.
Wenn man eine dunkle Blume von hinten beleuchtet, akzentuiert dies nicht nur die dunklen Stellen, sondern auch die hellen, wodurch lebendige Kontraste entstehen. Bei traditionellen botanischen Bildern versucht man, die Pflanze in möglichst neutralem Licht wiederzugeben. In der freien Natur allerdings wechseln die Farben ständig. Nehmen wir zum Beispiel eine Blume mit weißer Blüte: Je nach Standort, Lichteinfall und Art der Betrachtung – stellt man sie innen an ein nördliches Fenster oder nach draußen in grelles Sonnenlicht, betrachtet man sie im Licht oder gegen das Licht – wird die Farbe dieser Blüte das gesamte Farbspektrum durchlaufen: Von Weiß zu Schwarz, und doch wird es immer die gleiche Blüte sein. Was ist Farbe überhaupt? Für mich sind diese Fragen und Rätsel immerwährende Faszination und Inspiration. Jedes Bild, das ich beginne, verlangt eine neue Sprache. Jedes Mal fühlt es sich fremd an, als ob dieses das erste Bild wäre, das ich jemals gemalt hätte. Die ersten Schritte sind vorsichtig vorantastend und können extrem schwierig sein, da ich meine gesamte Aufmerksamkeit einem winzigen Detail widme und es außer weißem Papier vor mir nichts gibt, auf das ich mich beziehen kann. Erst wenn ich tiefer in die Arbeit eintauche, kommt Ordnung ins Bild, und ich finde langsam die Sprache, die funktioniert und die das Bild zum Leben erweckt. Wenn das passiert ist, wird es sehr aufregend!

Die Bilder in diesem Buch sind über einen Zeitraum von zehn Jahren entstanden. Sie alle sind Teil eines sich stetig weiterentwickelnden Prozesses, der auch meine Methoden und

Arbeitsabläufe mit einschließt. Anfangs habe ich meine Bilder sehr genau geplant und mir nur dann die nötige Freiheit und Abweichung von meinem ursprünglichen Konzept erlaubt, wenn die Pflanze sich bewegte oder öffnete. Was mich aber auch manches Mal ins Stocken brachte. So gehe ich heute nicht mehr vor, mittlerweile verlasse ich mich auf meine Intuition. Ich setze den Anfang, indem ich das erste Element dorthin male, wo ich das Gefühl habe, es wäre richtig, und folge somit meiner allerersten Eingebung.

Sobald ich diesen Anfang gemalt habe, stehe ich vor einem neuen Problem: Was als Nächstes malen? Das ganze Bild ist also gewissermaßen ein Zusammenspiel von Schritten der Problemlösung und der Kunst zu wissen, wann man aufhören muss und welche Teile man auslässt. Es ist der deutlich riskantere Prozess, der aber auch zu einem wesentlich interessanteren Bild führt. Bilder, so wie das Leben, können zu perfekt geplant sein; sind es doch Risiko und Ungewissheit, die zu einem ungewöhnlicheren und oftmals überraschenden Ergebnis führen können.

Rosie Sanders

Die Dramatik der Stille

Schaut man sich die Blumenbilder der Rosie Sanders an, ist man überwältigt. Die erste Regung ist nur Begeisterung. Die zweite aber ist ein leises Sich-Wundern: Weshalb, so fragt man sich, gibt es im Zeitalter der perfekten fotografischen Wiedergabe eigentlich noch Blumenmalerinnen? Die Frage ist durchaus berechtigt, und die Suche nach der Antwort oder den Antworten führt direkt ins Zentrum, ja ins Herz der Arbeiten von Rosie Sanders.

Rosie Sanders malt keine Miniaturen. Ihr Vorbild sind nicht die zarten kleinen Blümchen auf Porzellan, die uns das 18. Jahrhundert hinterließ, und auch nicht die üppigen Bouquets barocker Stillleben, nicht die Blumenrasen der Renaissance, auf die Botticelli die Füße seiner gewichtslos scheinenden Göttinnen setzte, nicht die mittelalterlichen Wiesenteppiche, auf denen Madonnen oder Heilige wandeln, und schon gar nicht die zu Stoffmustern verwobenen Blumen von Arts and Crafts, der Präraffaeliten oder des Jugendstils. Nein, diese Blumenbilder sind kein bisschen old fashioned, aber sie sind auch nicht impressionistisch oder in künstlerischer Freiheit zu abstrakten Farbklecksen reduziert. Rosie Sanders' Bilder sind sehr genau, und sie erinnern – wenn man denn wirklich in Kategorien und Schubladen denken will – am ehesten an den Hyperrealismus, wie ihn der Schweizer Franz Gertsch seit den 70er-Jahren des vergangenen Jahrhunderts pflegte und der heute mit Alyssa Monks, Paul Cadden, Marc Dennis oder Juan Francisco Casas einen Kontrapunkt zur abstrakten Moderne setzen will. Wir werden sehr konkret mit der Realität konfrontiert, ja bei vielen Hyperrealisten bringt das oft gar ein Umschlagen zum Hässlichen: »So genau wollen wir es eigentlich gar nicht wissen«, argumentieren viele Kritiker der Hyperrealisten, oder sie finden die genaue Wiedergabe nur langweilig. Aber da bildende Kunst ja immer auch eine Schule des Sehens ist, schadet es nie, zum genauen Hinsehen gezwungen zu werden. Hyperrealisten arbeiten oft mit großen Formaten – und auch Rosie Sanders malt in gewaltigen Dimensionen: Wandfüllend treten ihre Blüten auf. Aber auch das ließe sich ja mit Fotos machen. Oder man könnte, wie oft vorgegangen wird, die fotografierten Objekte auf die Wand projizieren und sie dann im Airbrush-Verfahren nachmalen. Zeitgenössische Porträtisten haben auf diese Weise eindrucksvolle, lebensecht wirkende Bilder produziert.

Rosie Sanders macht es jedoch anders, klassisch-handwerklich. Sie holt Blumen aus dem Garten und beobachtet sie ganz genau, sie lehnt sich über ihr »Modell« und bringt dieses dann in zeitraubender, geduldiger Arbeit minutiös in großem Maßstab aufs Papier. Und in diesem Prozess verändern sich die Blumen – unmerklich, aber eindeutig: Sie gewinnen an Dreidimensionalität, sie werden zu Pflanzenarchitektur. Ihr Aufbau wird sichtbar, die über die strukturgebenden Rippen und Adern gespannten Blütenblätter werden lebendig. Man kann strotzende Spannung und Frische erkennen oder aber langsames Entspannen, Welken, ja Vertrocknen einzelner Blütenteile.

Die Methode des Aquarellierens lässt wie keine andere ein hinreißendes Spiel von Auflicht und Durchlicht zu. Bei Blütenblättern ist der Umschlag vom aufscheinenden Licht zum transluzenten oft sehr abrupt. Im Gegenlicht leuchten die Farben der Blumen wie die Farben von Glasfenstern gotischer Kathedralen. Rosie Sanders beobachtet diese diapha-

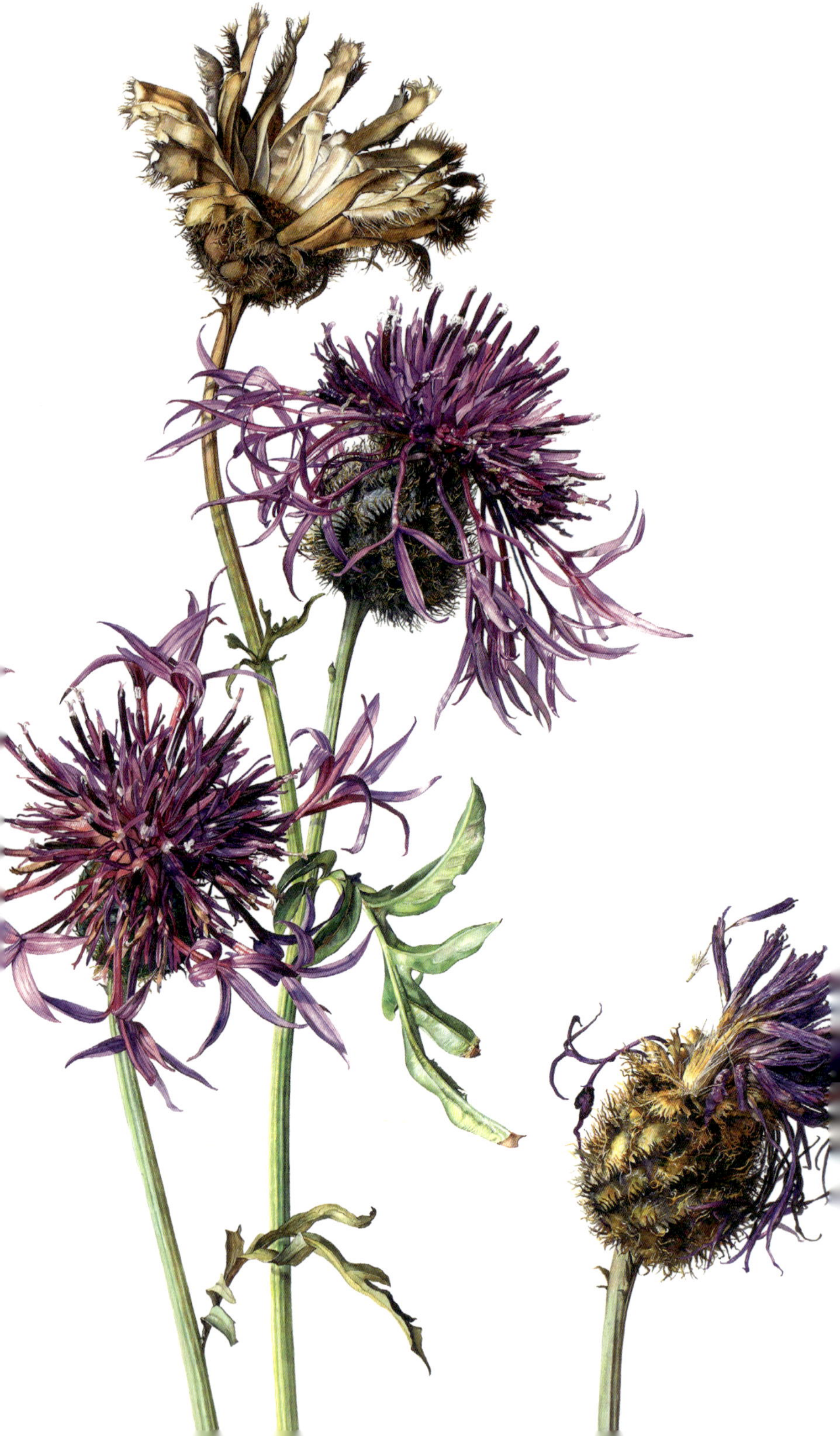

nen Phänomene des Lichts und gibt sie sehr bewusst wieder: sehr genau, ja vielleicht sogar etwas deutlicher, etwas kräftiger, pointierter, so wie es keine fotografische Einstellung wiederzugeben vermöchte. Ihre Augen holen für uns die stille Dramatik hervor, die in den Blüten liegt, in ihrem Werden und Vergehen, das oft nahezu gleichzeitig wahrzunehmen ist: Einzelne Blütenblätter sind noch in kraftvoller prächtiger Entfaltung, während andere, periphere, bereits Ermüdungserscheinungen zeigen, erste Anzeichen des Verblühens. Die Größe der Bilder offenbart das subtile Herausarbeiten von Strukturen und Gegensätzen, von Aufleuchten und Durchleuchten, von Erstrahlen und Verblassen. Es ist dieser kleine Hauch von Mehr, den die Fotografie nicht erreichen kann, der ihre Blumenbilder so überwältigend werden lässt. So viel Dramatik würde man bei unbewegten Bildern nie für möglich halten, ebenso wenig die oft fast aufschreckende Bewegtheit des stillen Leuchtens der Farben beim Umherschweifen der Augen auf dem Bild. Sieht man noch näher hin, werden die so überaus realistischen Bilder unerwartet zu einem vom Figurativen losgelösten faszinierenden Spiel von Farben und Formen: Auch dieses Erlebnis wird nur dank des großen Formats überhaupt möglich.

Die intensive künstlerische Auseinandersetzung mit den Blumen hat aber auch botanische Wurzeln. Rosie Sanders hat immer in Häusern mit Gärten gelebt, sie liebt Gärten, die für sie wie ein Bild, wie eine große, lebende Leinwand sind, und es ist ihr ein Bedürfnis, die Hände in der Erde zu haben. Als »therapeutic« empfindet sie das, und sie schätzt es, die Pflanzen wachsen zu sehen. Sie hat viele Iris in ihrem Garten, und wenn sie eine Pflanze malen will, holt sie sie ins Haus. Beim Malen ist sie hochkonzentriert, was natürlich auch ermüdet, und das Hinunterbeugen zum Modell, zur Pflanze, und das Hochrecken zum oberen Rand der Leinwand lassen nach den vielen Stunden intensiver Arbeit ihren ganzen Körper schmerzen: »A bloody hard work!« Aber für sie sind die Blumen eine Obsession. Und Jammern ist ihre Sache nicht. Sie drückt sich klar aus und bleibt unprätentiös schlicht und humorvoll in all ihren Aussagen. Nie ist sie emotional oder gar rührselig, wohl aber begeistert. Einmal lässt sie sich immerhin hinreißen zu der Aussage, sie finde die schwarzen Iris und die dunklen Tulpen erotisch – und das kann man gut nachvollziehen. Wenn man Videos ansieht, wie Rosie Sanders malt, dann spürt man sehr bald, dass sie eigentlich keinem Programm folgt. Sie muss einfach so malen, wie sie malt, und sie will das weder begründen noch sich darüber den Kopf zerbrechen. Lieber nutzt sie ihre Zeit zum Malen. Und wir sind froh darum.

Noch ein Wort zu den Blumen. Natürlich sind es die großen, prächtigen Blumen, die im Mittelpunkt ihres Werks stehen: die Pfingstrosen, die Amaryllis, die Tulpen, die Orchideen und die Schwertlilien. Aber sie wendet sich auch den Blattpflanzen zu, Bananenstauden oder Bambus, und ihr umfassendes Interesse schließt auch fleischfressende Pflanzen, Gladiolen, Canna und Zantedeschien (Calla) mit ein. Am Anfang all der prächtigen Protagonisten und hinreißenden Stars der Gartenbühne standen indessen die in dieser Umgebung schlicht und bescheiden wirkenden Wildblumen. Auch ihnen gehört Rosie Sanders' Liebe. Und mit genau der gleichen Geduld und Feinfühligkeit, die sie den üppigen Schönheiten der Glashäuser und Gartenbeete entgegenbringt, hat sie »Unkräuter« wie Löwenzahn und gelbe Taubnessel, Farnwedel und Gras, Wilde Rübe und Natternkopf, Flockenblume und einjährigen Rittersporn, aber auch hübschen Mohn, strahlende Bluebells,

einheimische Orchideen wie Knabenkraut und vieles mehr zu Papier gebracht. Einige Beispiele ihrer Bilder von Wald- und Wiesenblumen sind am Anfang und am Ende des Buchs zu finden und begleiten diesen einleitenden Text.
Rosie Sanders hatte 2011 und 2012 die Möglichkeit, ihre Blumenbilder bei der Chelsea Flower Show zu zeigen, und sie erhielt im Laufe der Jahre eine Fülle von Auszeichnungen und Preisen, unter anderem fünf Mal die Goldmedaille der Royal Horticultural Society.

Andreas Honegger

I. Vielfalt im Garten

Rosie Sanders brillierte 2010 als großartige botanische Porträtmalerin mit einem Buch über Äpfel, dessen deutsche Ausgabe 2012 erschien. Die darin gezeigten 144 naturgetreuen Bilder von alten und neuen Sorten hat sie so plastisch und lebensecht gemalt, dass man glaubt, man könne sie anfassen und essen. Damit konnte gewissermaßen ein frugales englisches Kulturerbe gesichert werden. Wer aber 144-mal Äpfel malt, braucht auch wieder andere Modelle. Und so wundert man sich nicht, dass Rosie Sanders mit ihren Pinseln über eine unglaubliche Vielfalt von Gewächsen berichtet. Sie »plündert« gewissermaßen ihren Garten. Und natürlich geht es in erster Linie um schöne Blüten, aber immer wieder manifestiert sich auch ihre Begeisterung für das Grün an sich. So etwa in der Darstellung einer Bananenstaude oder von Bambusstangen.

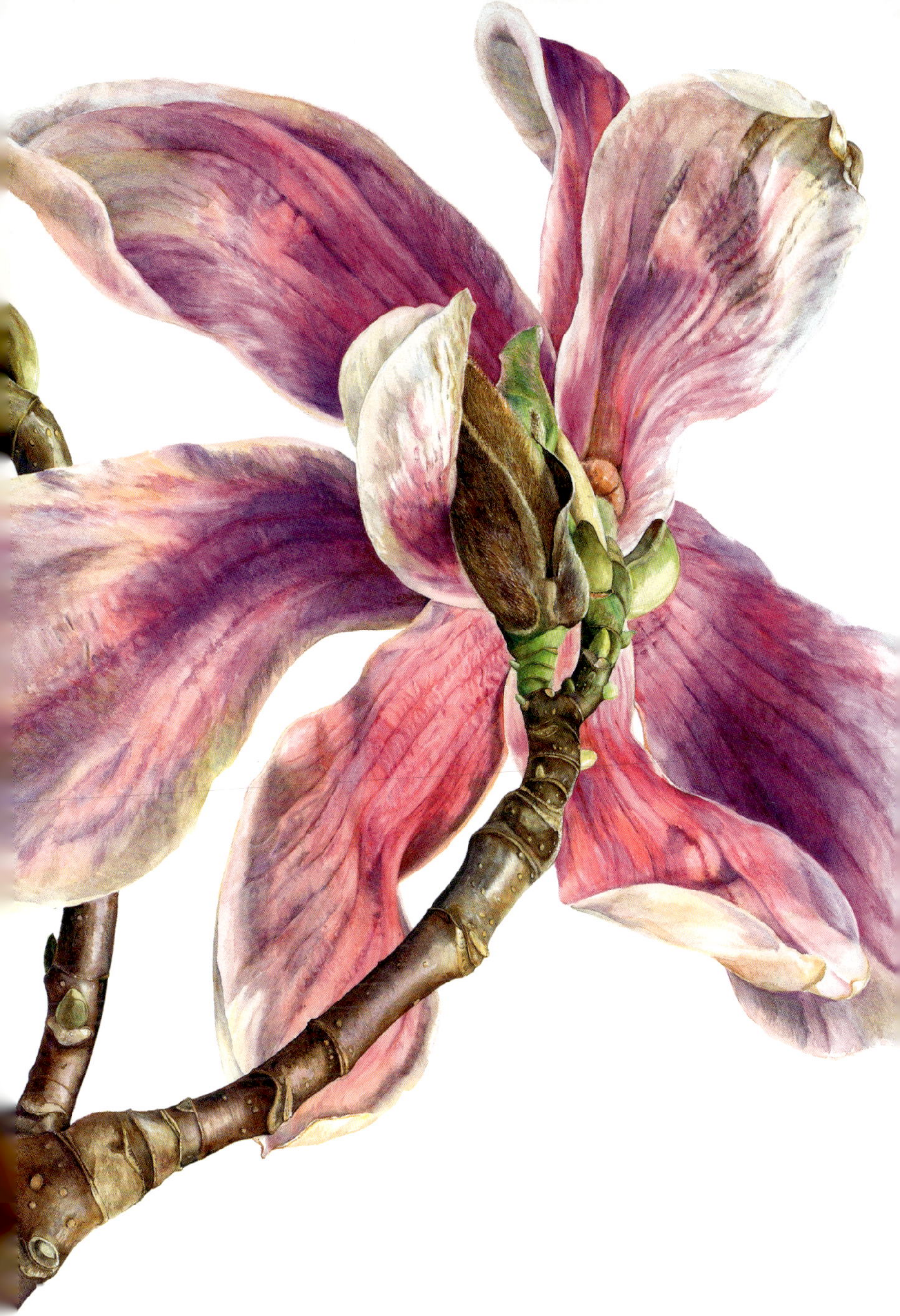

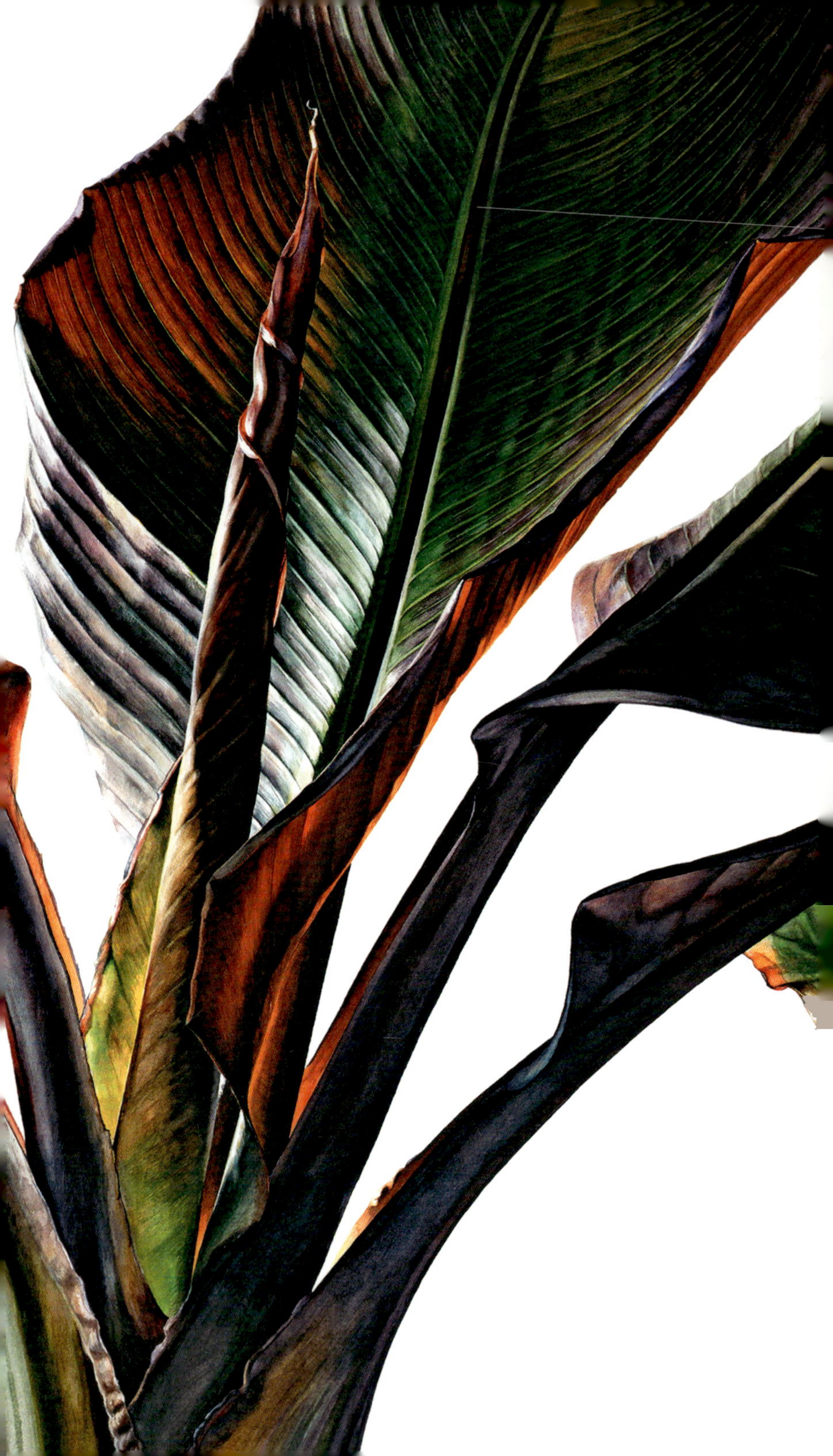

Der Reiz der grünen Blätter

An die Musa – Bananenstaude – *Ensete ventricosum* ›Maure Illi‹ ist Rosie Sanders in einer Gärtnerei gekommen, als sie an der Kasse eine Frau mit einer Bananenstaude sah. Sie erkundigte sich, wo diese Pflanzen zu finden seien, fand aber keine, die genauso war wie die, die sie zuerst gesehen hatte, mit so kräftigen, fächerförmig ausgestellten Blättern. Sie kam mit der Besitzerin der Gärtnerei und der Kundin ins Gespräch und ging schließlich mit der Banane heim, die ihr so gefallen hatte. Sie male nicht oft Blätter, sagt sie, dies sei eben die Ausnahme.

Tatsächlich ist diese Zierbanane mit ihren teilweise braunrot eingefärbten Blättern eine prachtvolle Pflanze. Sie stammt aus dem Hochplateau Ostafrikas und wird auch Äthiopische Banane genannt. In ihrem natürlichen Biotop kann sie sechs Meter hoch werden und ihre Blätter bis zu fünf Meter lang. So groß wird jedoch das Exemplar, das Rosie Sanders im Topf nach Hause getragen hat, wohl nie. Aber die charakteristischen Eigenschaften ihrer Art sind schon hervorragend ausgebildet. Aus einem kräftigen Strunk reckt sich Blatt um Blatt. Sie entwickeln sich im wahrsten Sinne des Wortes. Und die gerippten, großen, glänzenden Blätter wenden sich dann so weit wie möglich von der Staude ab, um ans Licht zu kommen.

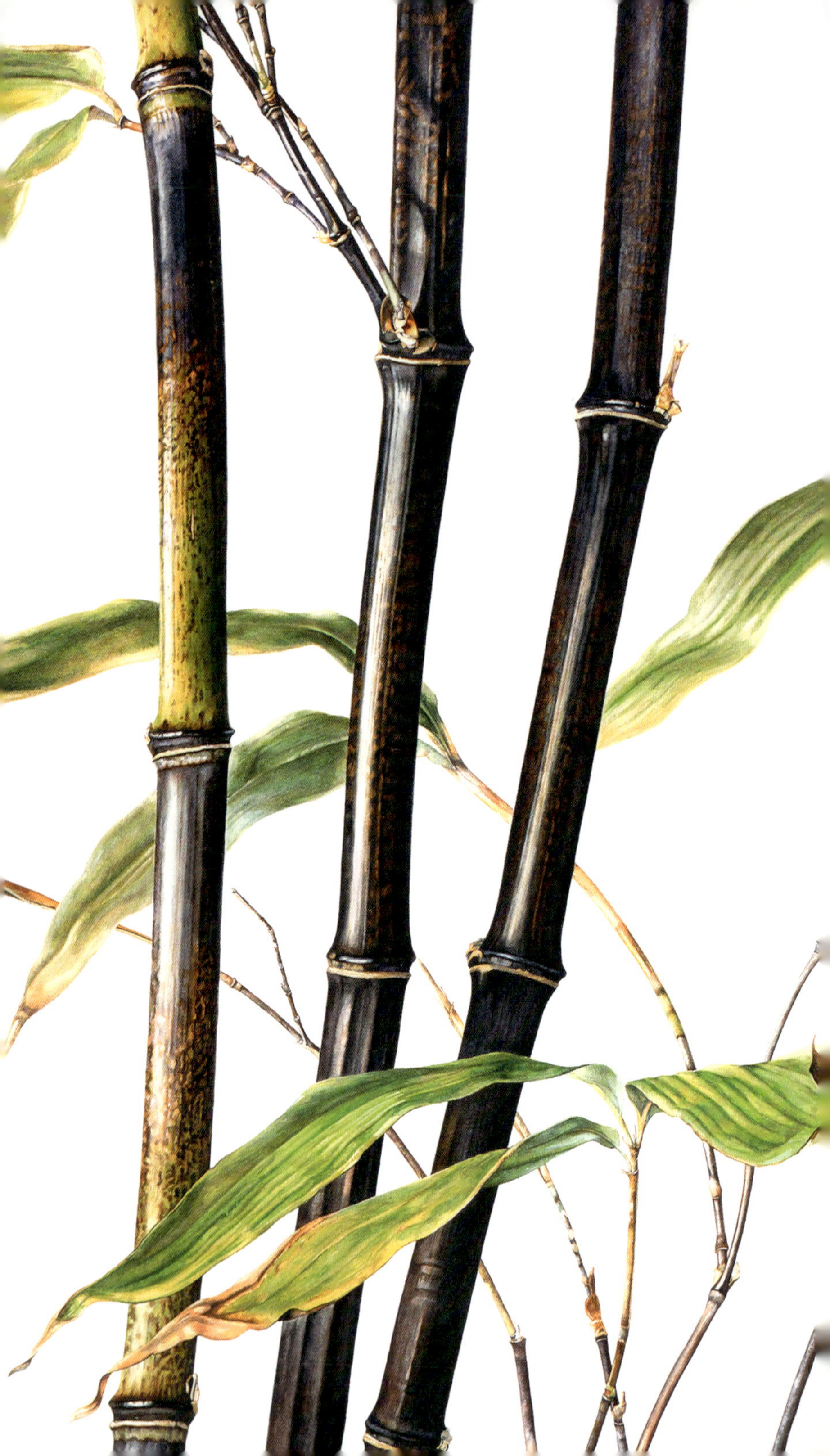

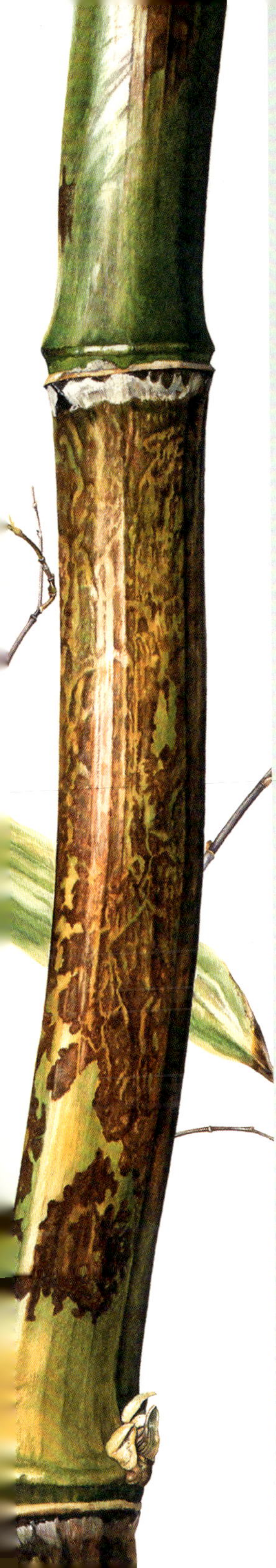

Ausufernder Bambus

Ebenfalls sehr fruchtbar ist der Bambus, der sich nur allzu gern mit Rhizomen verbreitet. Wenn man ihn nicht in ein »Gefängnis« aus Beton, Stein oder Hartplastik sperrt, kann man sein grünes Wunder erleben: Seine Sprosse dringen durch engste Ritzen, und plötzlich wächst in vielen Metern Entfernung eine neue Bambusstange in die Höhe. Aber sie haben ihren optischen Reiz, diese eleganten runden Triebe, mit ihren seitlich abstehenden Zweigen mit schmalen grünen Blättern. In Asien nutzt man sie für die Herstellung einer Vielzahl von Gegenständen, vor allem aber auch zum Bauen und als Gerüstmaterial.

Phyllostachys nigra mit den dunklen Stangen hat es Rosie Sanders vor allem angetan. Sie malt die feinen Blätter des Bambus so, dass man zu spüren glaubt, wie der Wind durch die Halme weht.

Magnolien: die grossen Blüten im Baum

Magnolienbäume sind im Frühjahr ein wahrer Augenschmaus. Allerdings dauert die rauschartige Blüte nur kurz, wenn es schneit oder regnet noch kürzer. Aber das ist ja gerade der Unterschied der echten Blumen von den künstlichen, dass sie nur eine kurze Zeit da sind und man sie dann genießen muss, wenn sie blühen. Die rotweiße *Magnolia soulangiana* ist die bekannteste Magnolie, und trotz der enormen Vielfalt der Arten und Sorten auf dem Markt noch immer eine der schönsten.

Da es sich bei der *Magnolia soulangiana* um eine traditionelle Sorte handelt, findet man oft auch sehr stattliche, große Bäume vor, und Rosie Sanders kann davon profitieren, dass ihr Nachbar einen prächtigen Magnolienbaum im Garten hält. Wer würde da nicht verstehen, dass sie die Blüten im Bild festhalten wollte. Ihr Aquarell zeigt die knorrigen Zweige des großen, alten Baums, die noch von den Kelchblättern eingehüllten oder schon befreiten Blütenknospen und die in Magentarot gefärbten Blütenblätter. Das Malen wurde für Rosie Sanders zur Herausforderung, da sie eine aufblühende Magnolie malen wollte, was schnelles Arbeiten erfordert, da sich die Blüten sehr schnell öffnen.

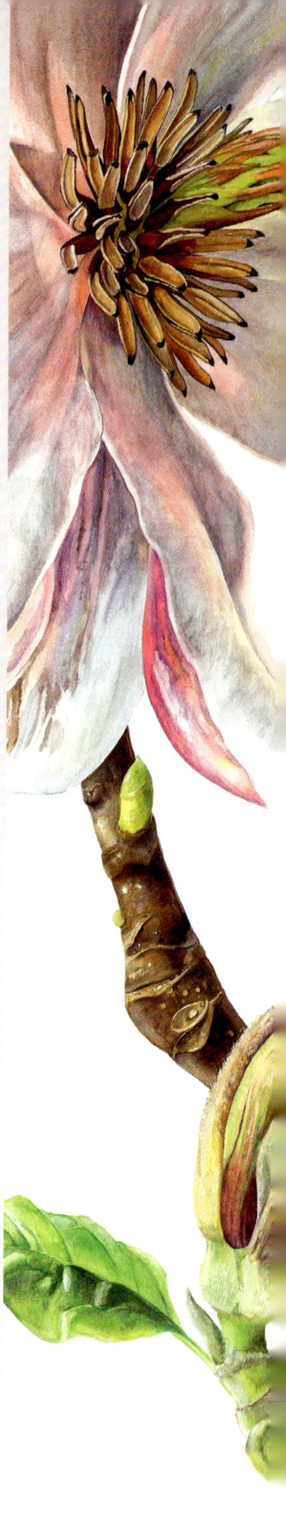

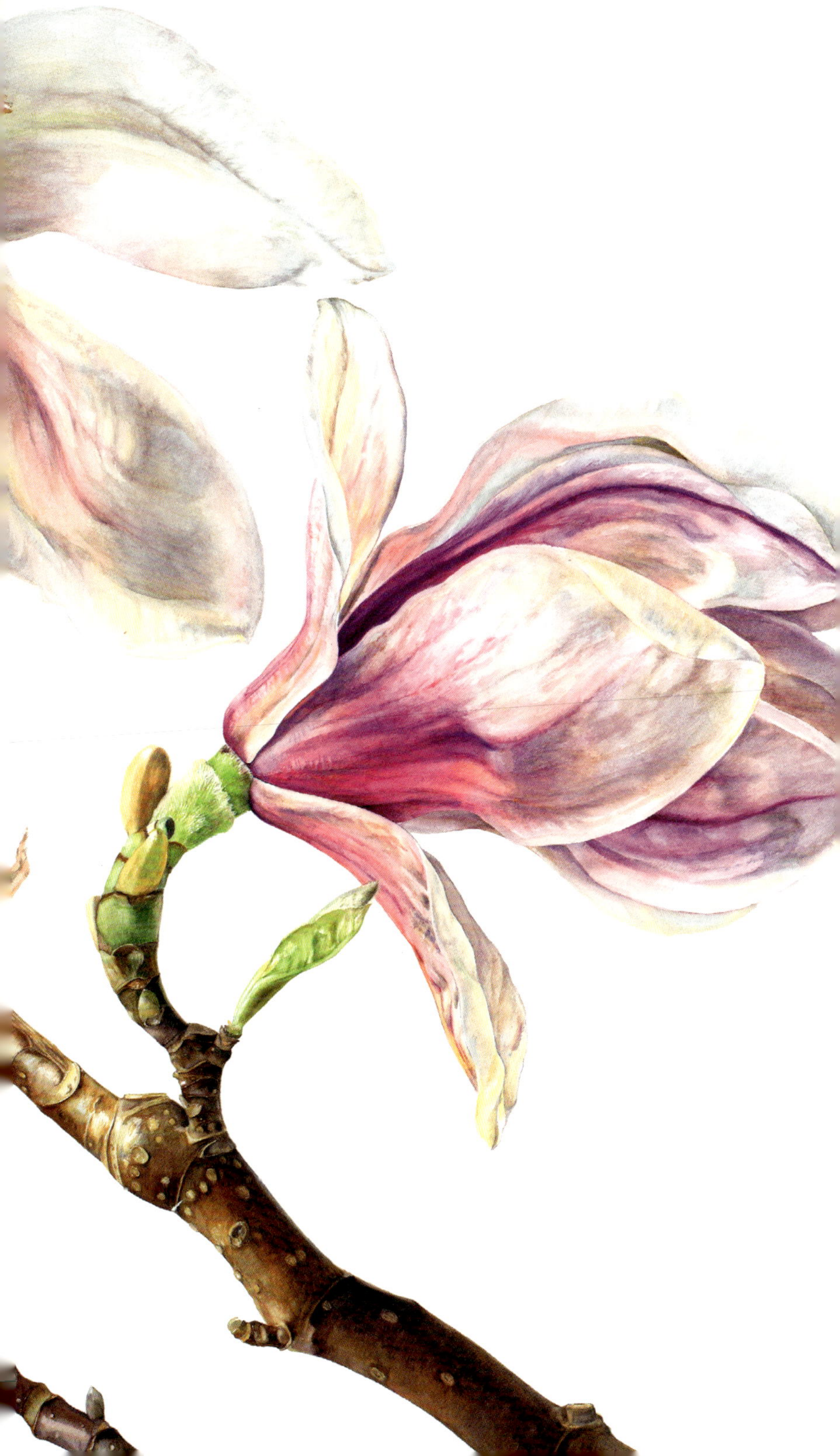

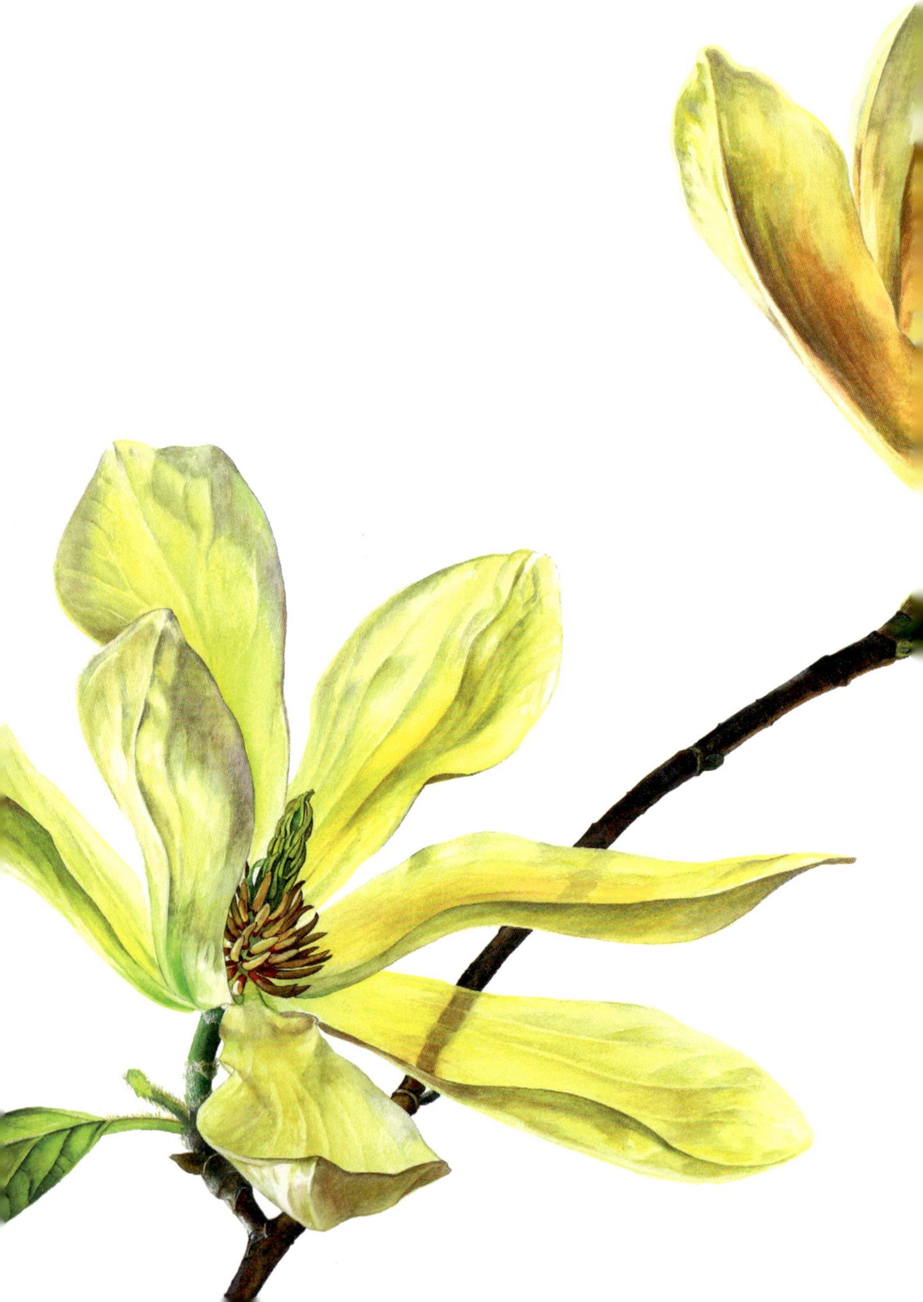

Gelbe Magnolie

Die gelbe Magnolie, hier eine ›Butterflies‹, öffnet in der Regel die Blätter zusammen mit den Blüten. Rosie Sanders hat sie in einer Gärtnerei gefunden und sich für den Farbwechsel in der Dauer der Blüte von Zitronengelb bis zu einem dunklen, ja bräunlichen Buttergelb begeistert. Die gelbe Farbe kommt – so ist sie überzeugt – besonders an einem leicht schattigen Platz im Garten gut zur Geltung.

›Butterflies‹ ist eine Kreuzung aus *Magnolia acuminata* und *Magnolia denudata*, die einen kleinen Baum mit aufrechten Zweigen bildet.

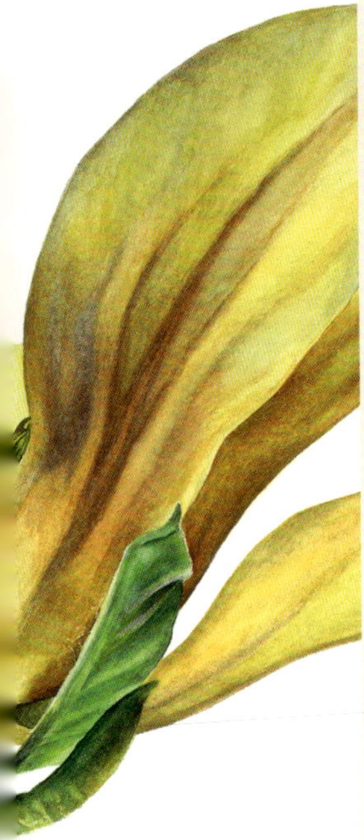

Sommer- und Winterrosen

Rosen haben ihre wichtigste Blütezeit im Mai. Viele blühen indessen nochmals im Sommer (remontierende Rosen) und viele von Mai bis zum ersten Schnee. Rosie Sanders porträtiert die Blume, deren Namen sie trägt, besonders gern. Rosenblüten im Winter sind von besonderem Reiz. Eine so unzeitgemäße Blüte fand sie im Januar im Garten, und obwohl sie festhält, dass sie die Teehybriden eigentlich nicht recht mag, machte ihr das fulminante Ankämpfen dieses kräftigen Rots gegen das Grau des Winters so einen tiefen Eindruck, dass sie zum Pinsel griff. Und gerade die Spuren, die dieser Kampf auf der Blume hinterließ, machen den Reiz des Bildes aus! Die Rambler-Rose ›Summer Wine‹ wird ihrem Namen durchaus gerecht: Ihre Blüten sind von gewaltiger Fülle, und sie verzaubern Büsche, erklettern Bäume und duften berauschend. Die Farben wechseln im Verlauf der Blüte: Zuerst öffnen sich fast orangefarbene Knospen, dann werden die Blüten intensiv rot mit kräftig gelbem Zentrum, um dann schließlich in ein bleiches Rosa zu wechseln, bevor sie welken. In Rosie Sanders' Garten blüht die Rose über einen langen Zeitraum, und sie findet immer wieder noch im Winter Blüten.

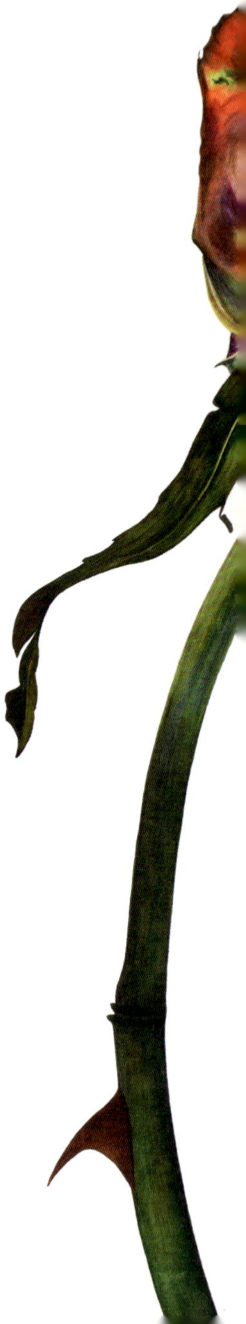

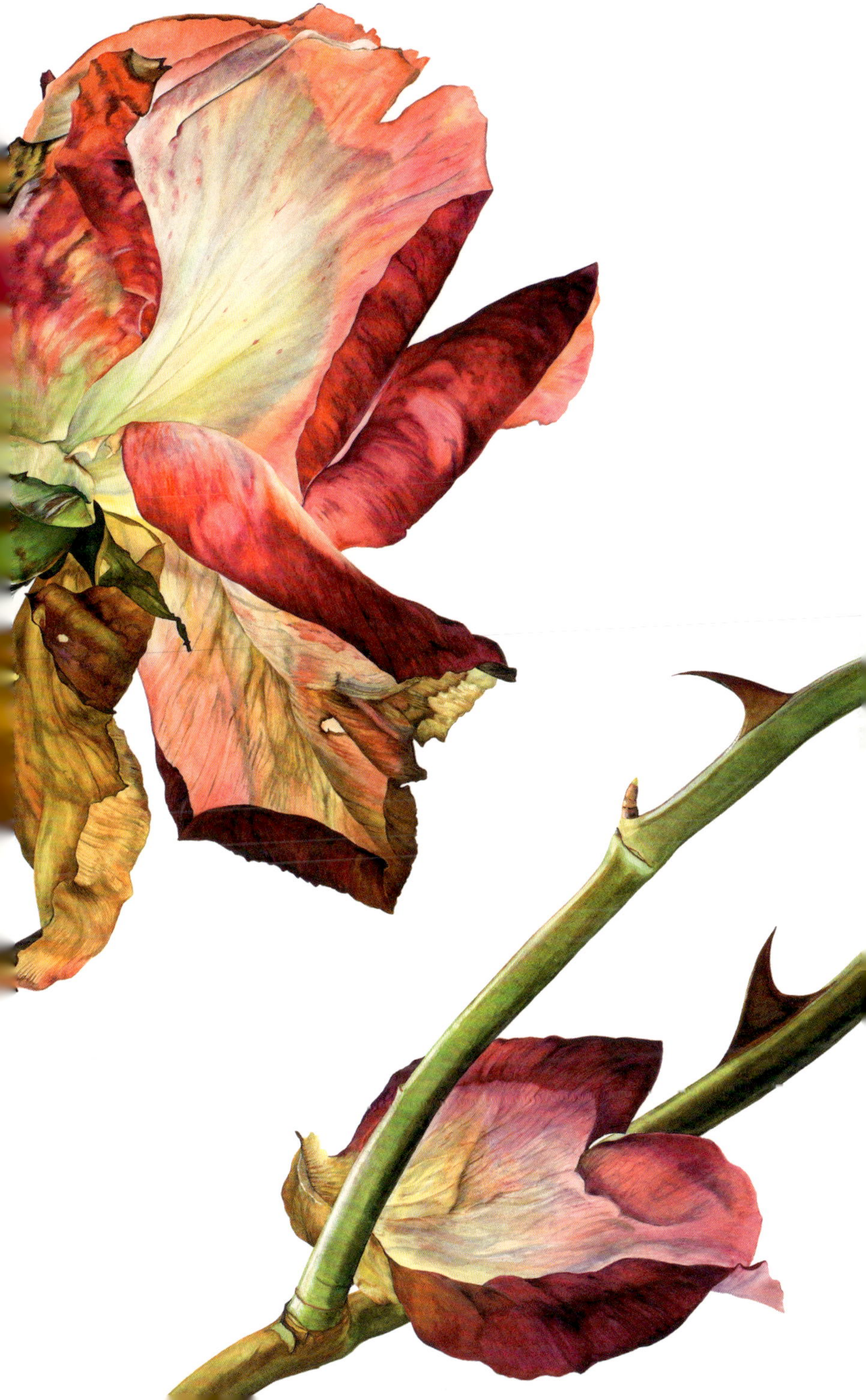

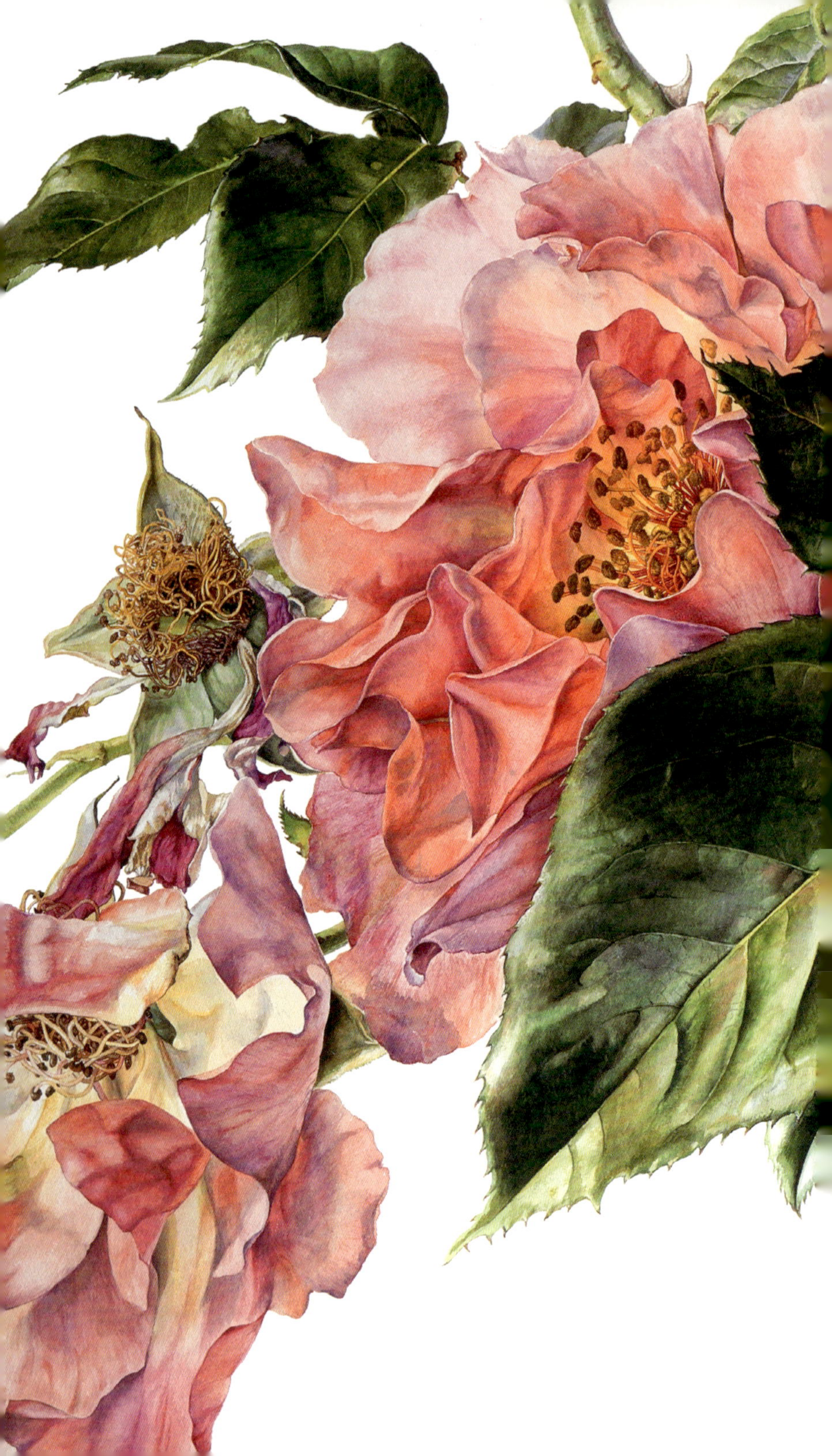

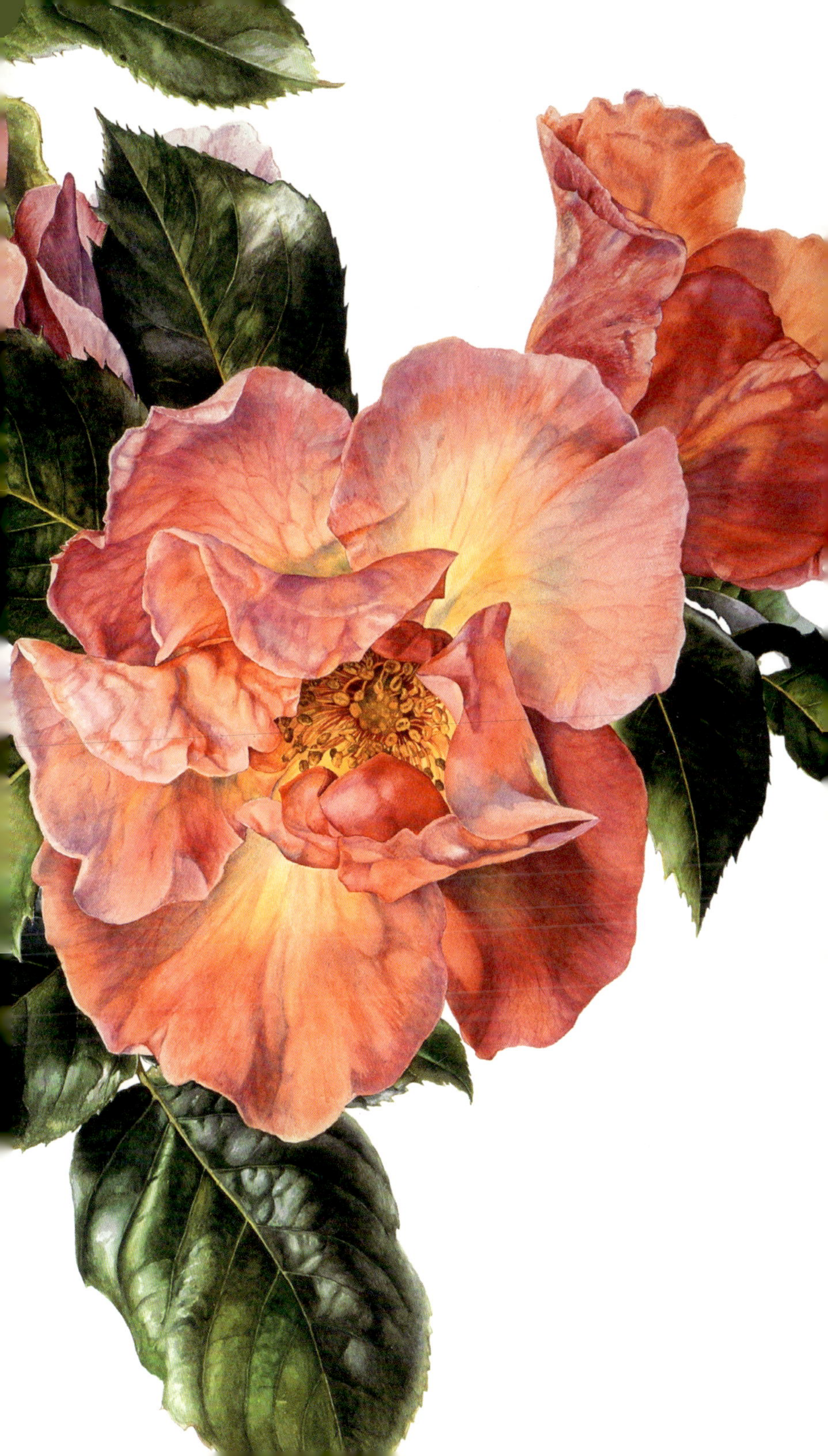

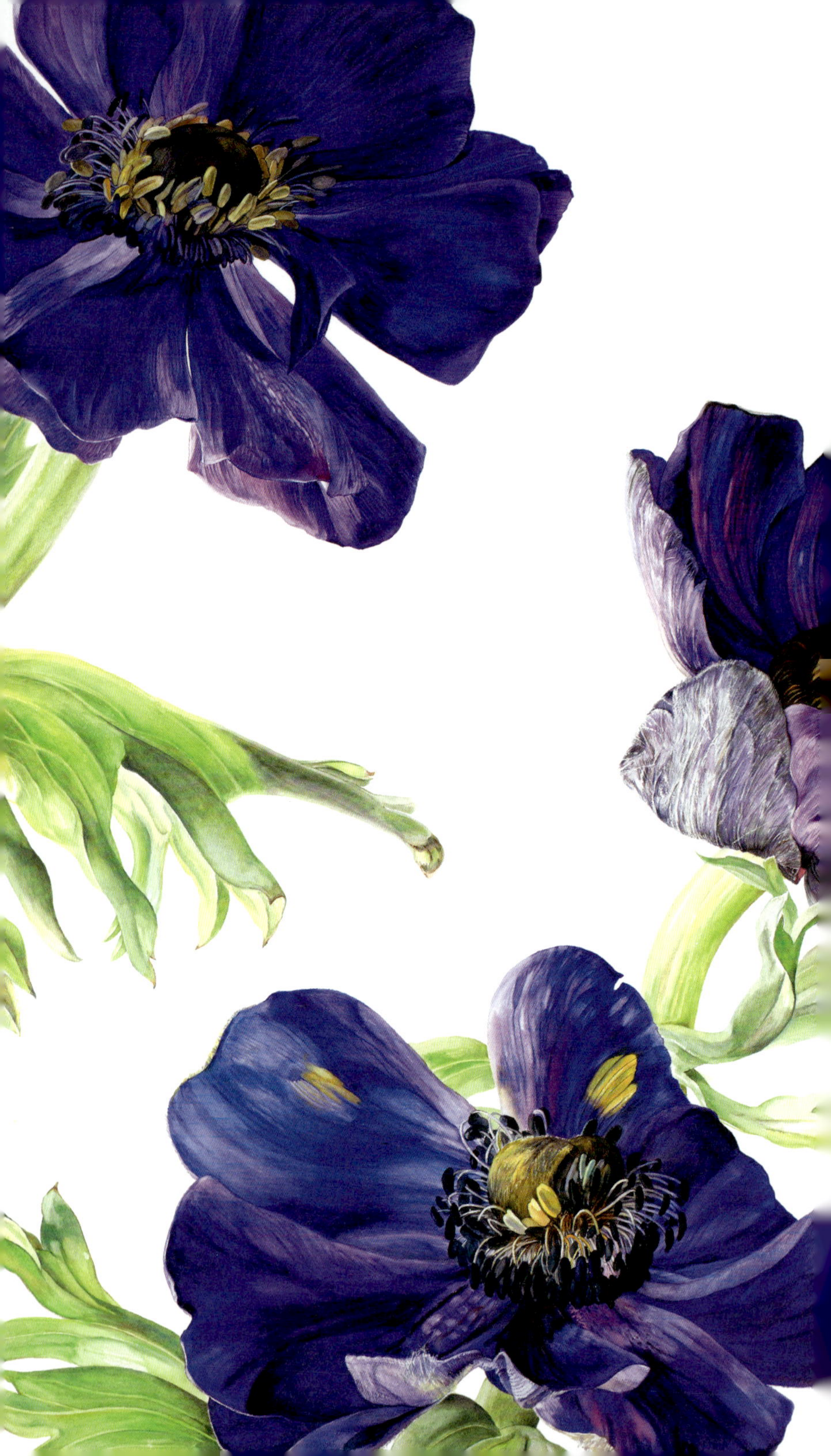

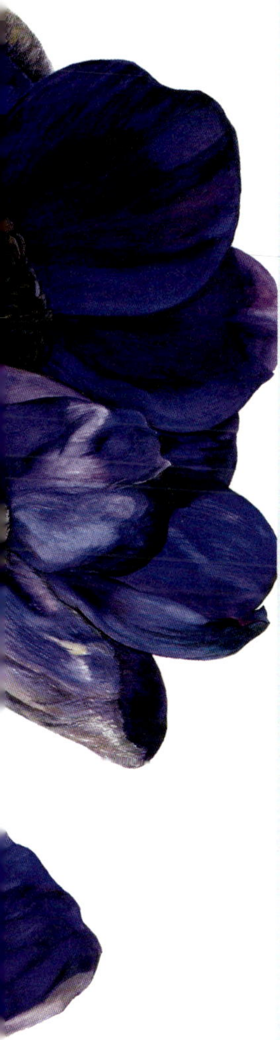

Vom Winde umweht: Anemone – Windröschen

In der Familie der Hahnenfußgewächse gibt es nur wenige blaue Blumen. Eine nahe Verwandte unseres weißen Buschwindröschens *(Anemone nemorosa)*, das im Frühling die Wälder schmückt, ist die blaue *Anemone blanda* aus dem Balkan. Und blau blüht auch das Leberblümchen *(Anemone hepatica)* im Frühjahr. Aber so richtig dunkelblau oder kräftig rot ist nur die Kronen-Anemone *(Anemone coronaria)*. In ihrer roten Variante bildet sie im Frühling in Israel auf Hügeln und unter Olivenhainen große Blütenteppiche. Bei uns kommt sie als Gartenform vor. In England ist sie unter dem Namen Spanish-Marygold bekannt oder als Poppy Anemone, da ihre Farbe der des Mohns gleicht.

Schaut man sich die Anemonen von Rosie Sanders an, ist man zuerst fasziniert von den azurblauen Blumen, von den vorherrschenden Blau- und den vereinzelten Violetttönen, die das Blau entstehen lassen. Ganz am Anfang sind die Staubblätter im Innern noch zu und nahezu schwarz. Dann öffnen sie sich – Kranz um Kranz –, und ihre Pollen färben sie gelb ein. Wenn man diese Kronen-Anemonen betrachtet, ist es nicht nur die Einzelblume, die unseren Blick anzieht, es ist auch die Kombination der Blüten.

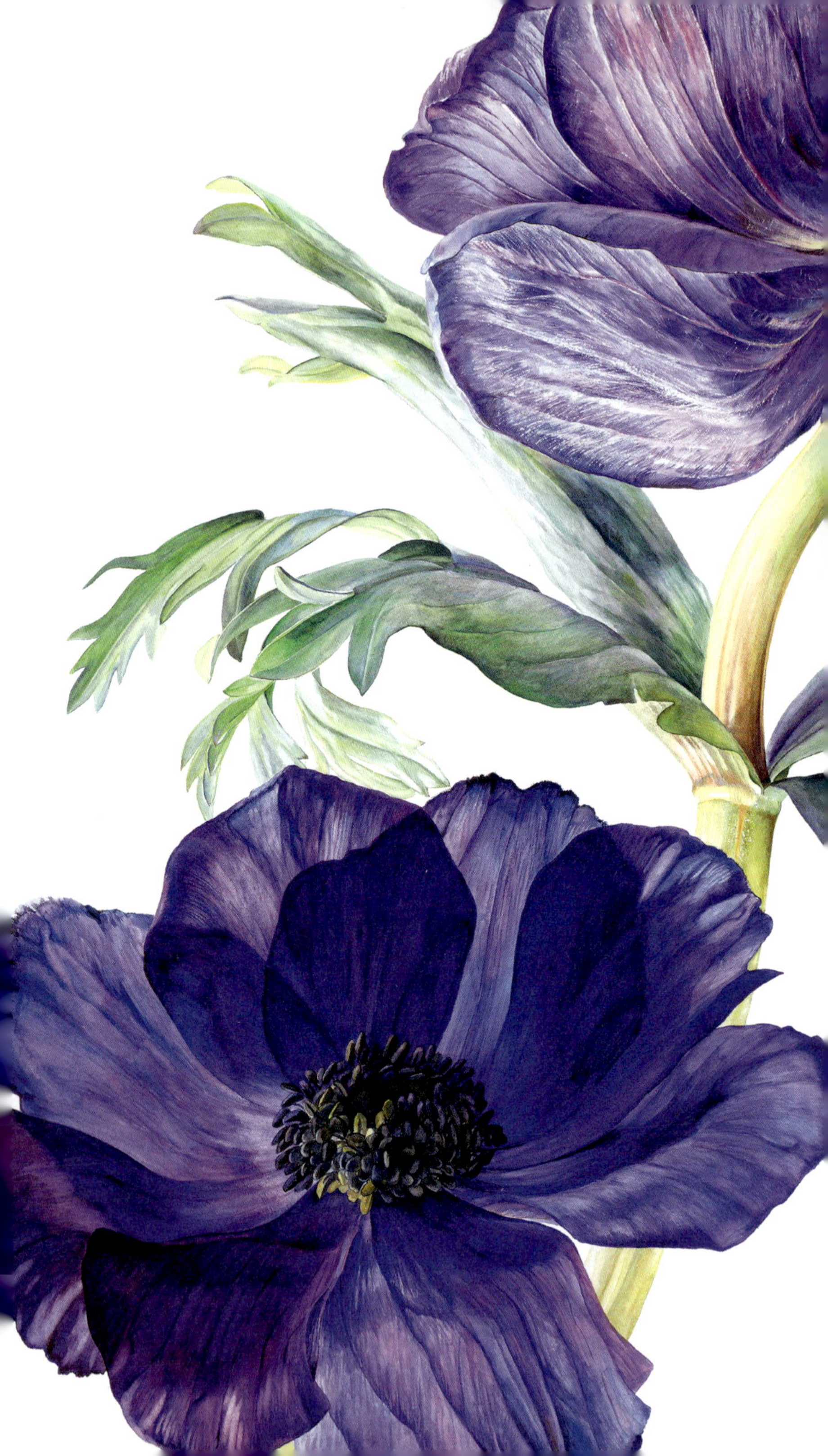

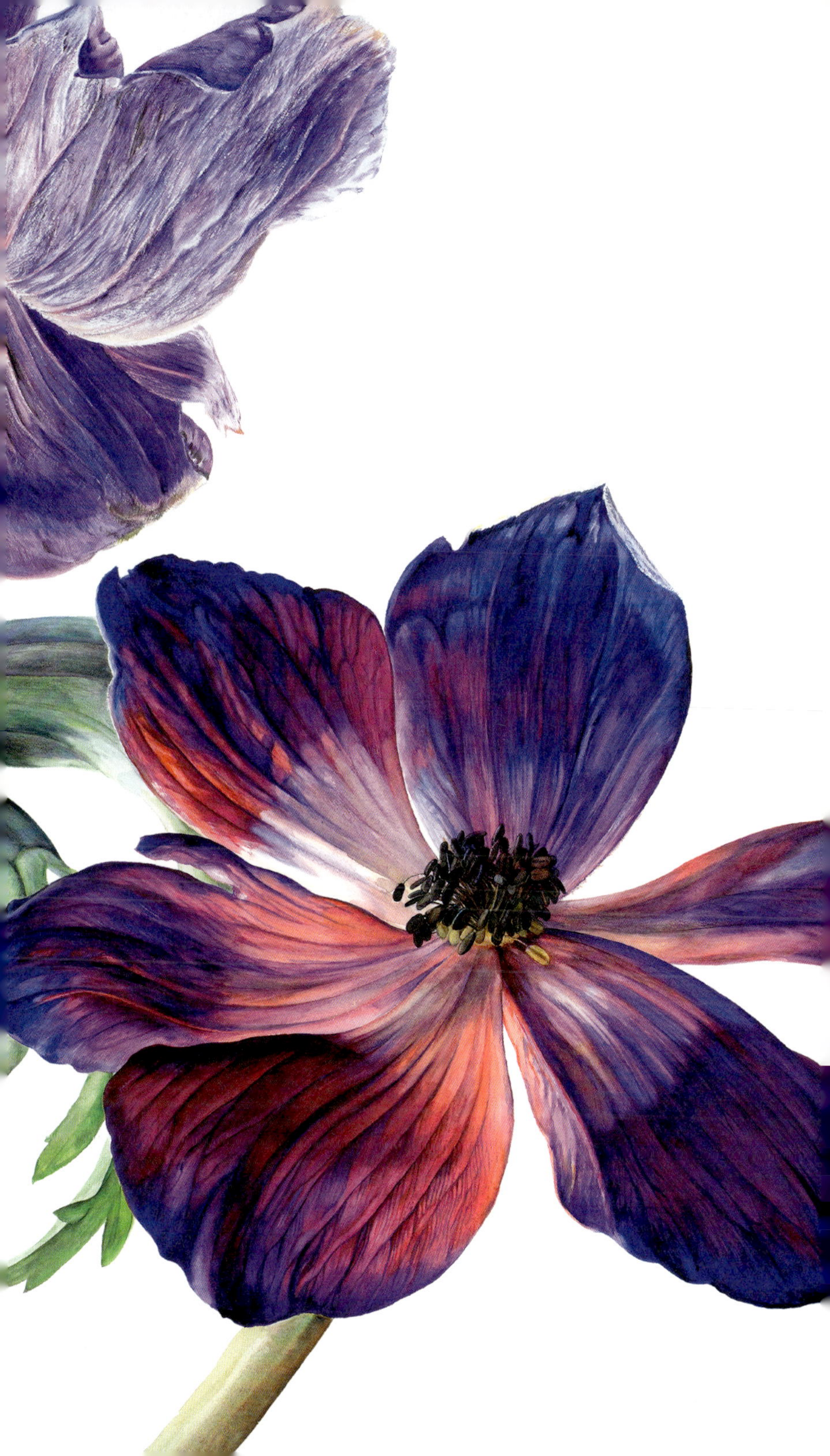

Der Purpur des Kardinals

Die Lobelien sind uns vor allem als strahlend blauer Sommerflor vertraut. Es gibt aber auch noch eine Sumpfpflanze aus der Gattung der Lobelien, die ein mindestens so strahlendes Rot als Sommerrobe trägt: die Kardinalslobelie (*Lobelia cardinalis* ›Queen Victoria‹). Rosie Sanders bemerkt dazu, dass dies »überhaupt nicht ihre« Pflanze sei. Aber die Biegung ihres Stiels und die Farbe haben sie dennoch für die Lobelie eingenommen, vor allem aber das Blatt. Dem Blatt, das sich ins Bild hineinbiegt, gehört ihre Sympathie. Ohne das Blatt – »which I think makes it somewhat erotic« – wäre die Blume nie dieselbe. Ob wohl die gestrenge Queen Victoria, die der Sorte den Namen gibt, das auch so gesehen hätte? Aber wir wollen die Beweggründe der Künstlerin nicht hinterfragen, sondern uns über das gelungene Bild der Kardinalslobelie freuen!

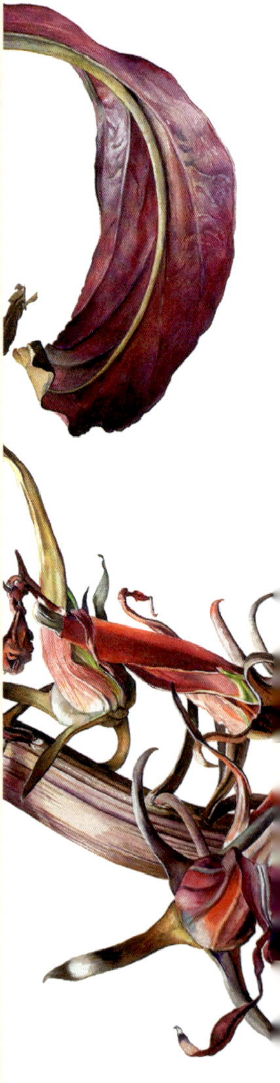

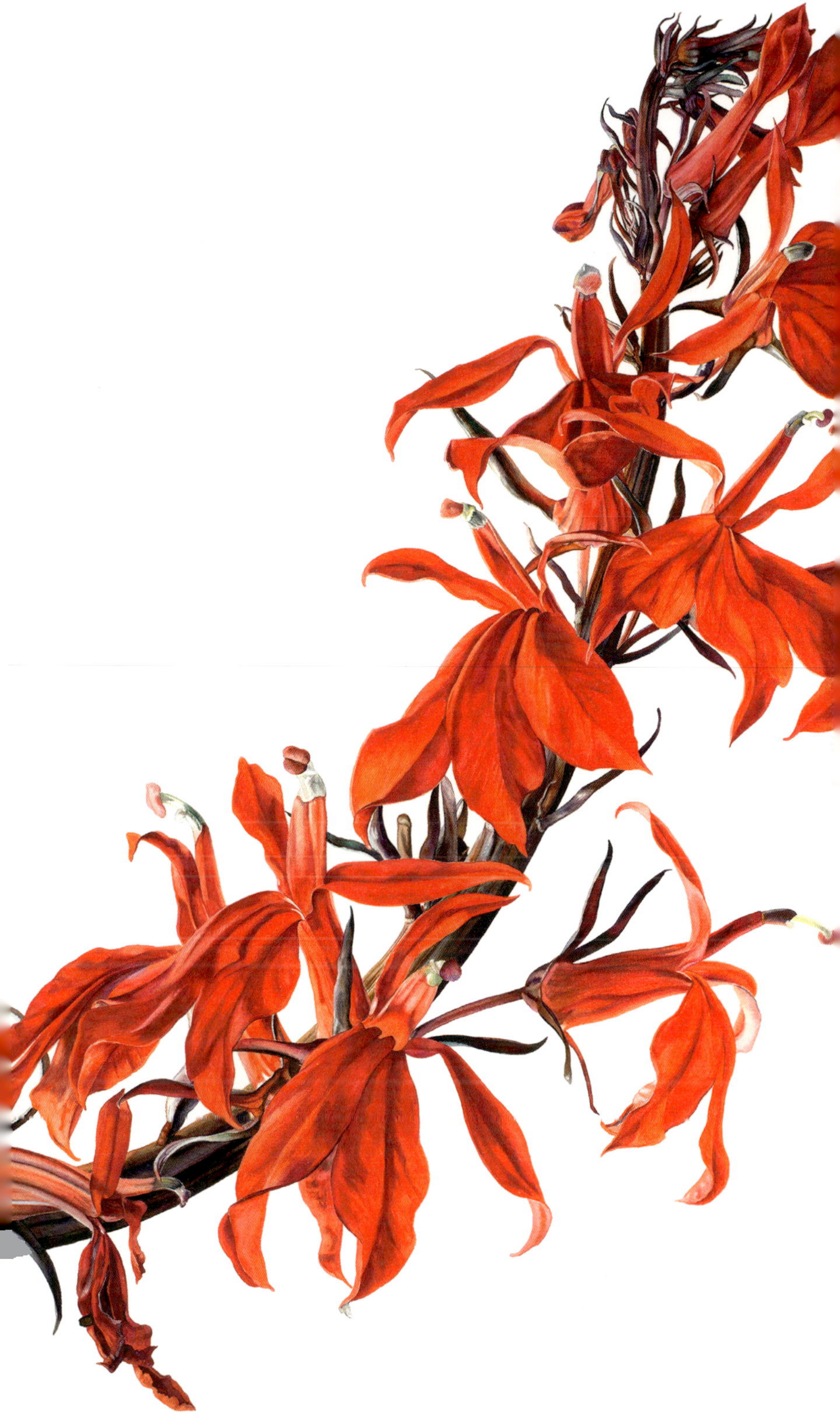

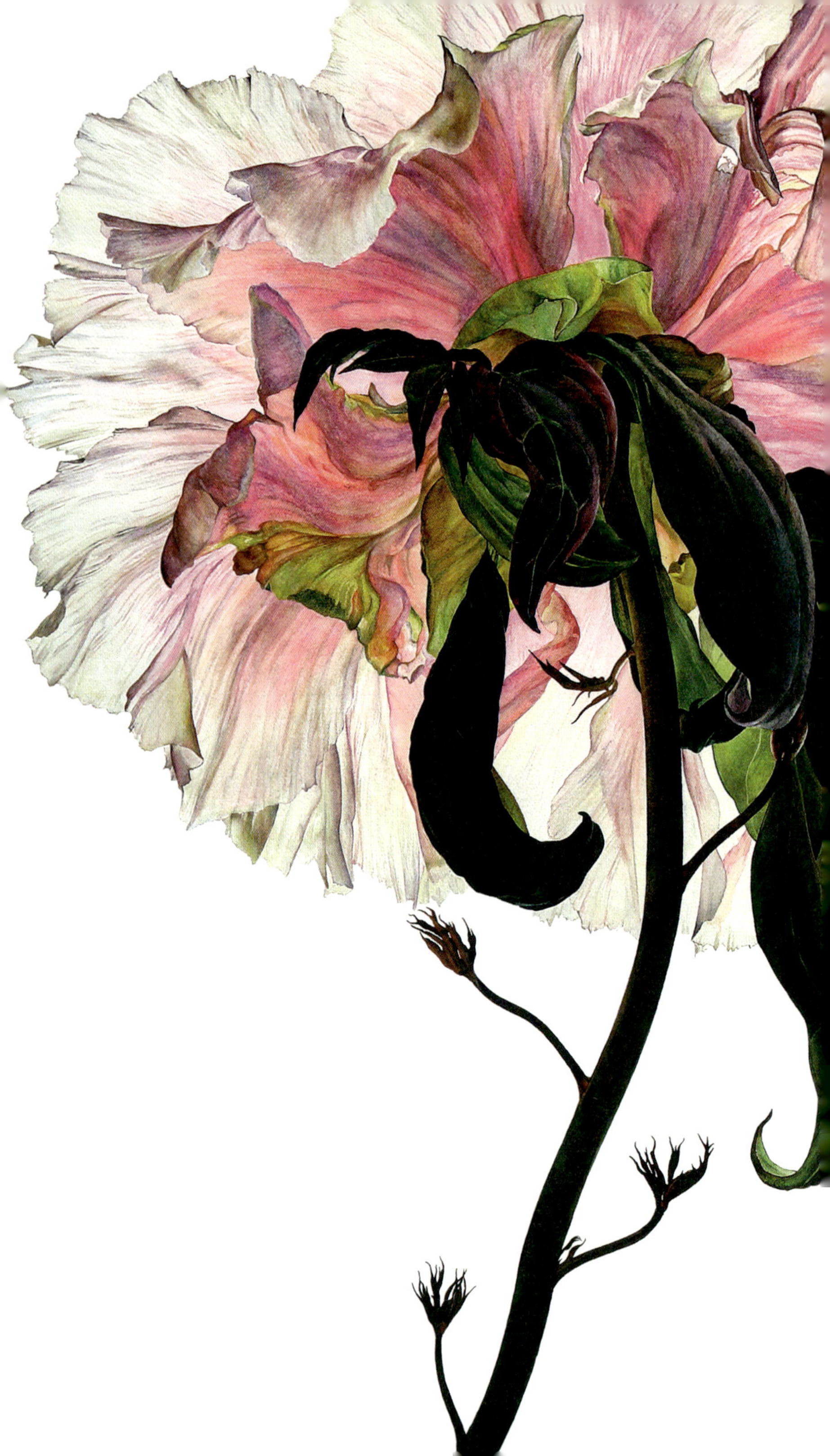

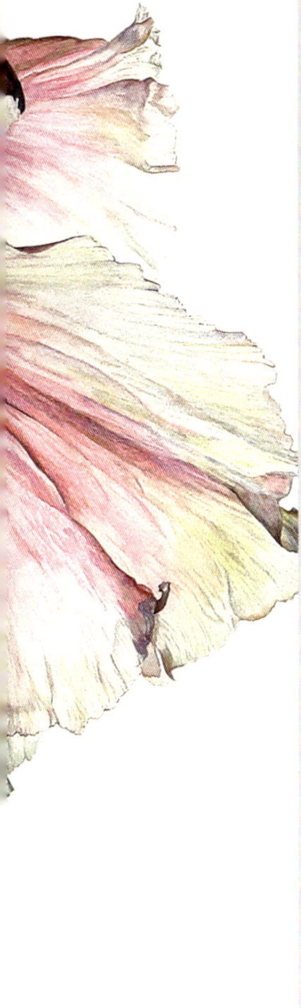

Päonie im Gegenlicht

Rosie Sanders mag Pfingstrosen, aber sosehr sie sie auch liebt, sie scheinen Rosie nicht zu lieben, wollen in ihrem Garten einfach nicht gedeihen. Sie malt hier eine Baumpäonie der Sorte ›Fujizome-goromo‹, jedoch nicht die Schauseite. Sie kann der rückwärtigen Ansicht viel mehr abgewinnen. Das hängt zum einen mit der Position im Gegenlicht zusammen, das die zarten Blütenblätter der Pfingstrose noch filigraner erscheinen lässt, andererseits aber auch mit dem »Unterbau«, dem dunkelgrünen Stängel und den herabhängenden Kelchblättern. Die Blätter der Strauchpäonie sind im Frühjahr von einer jugendstilartigen Bewegtheit, die uns vor Augen führt, wie sie sich auf der Suche nach gutem Lichteinfall mal in diese, mal in jene Richtung recken.

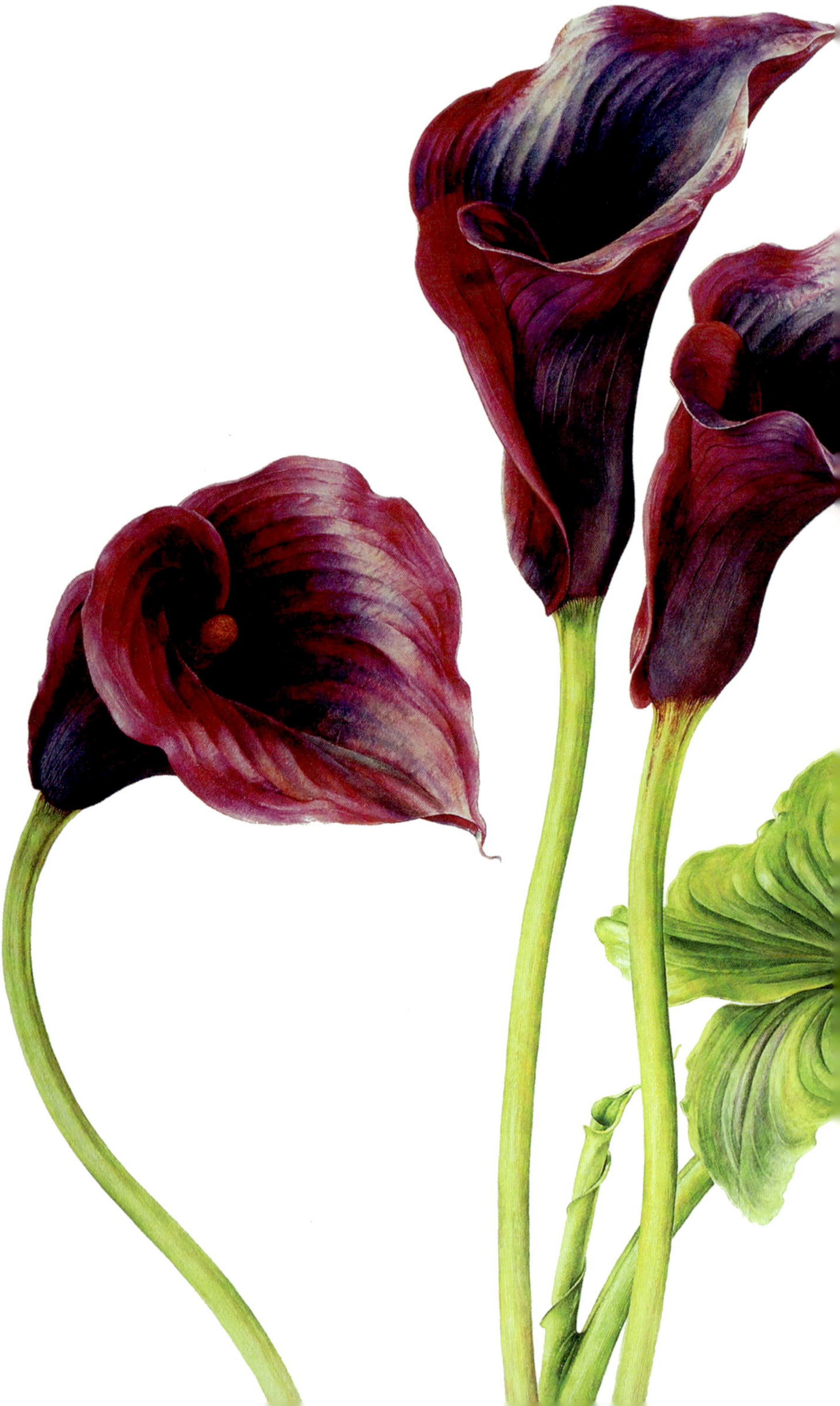

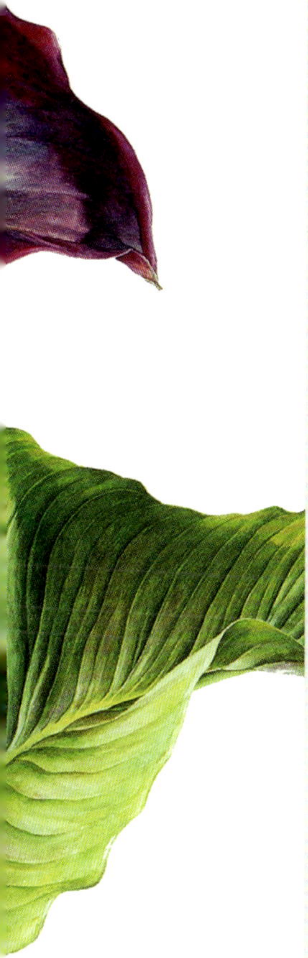

II. Die Magie der strahlenden oder düsteren Exoten

Rosie Sander hat wunderbare Wildblumen gemalt und viele prächtige Blüten von Gartenblumen, die uns täglich umgeben. Aber sie hat auch ein starkes Interesse an wahrhaft exotischen oder sehr speziellen Pflanzen. Man kann deshalb mit ihren Bildern auch immer wieder neue Pflanzenarten kennenlernen.

Teuflischer Finsterling?

Wer kennt die Fledermausblume? *Tacca chantrieri*, so ihr lateinischer Name, wächst im tropischen Südostasien in feuchten, eher schattigen Lagen. Sie wird oft auch Teufelsblume oder Dämonenblüte genannt: ein Wesen aus dem Schatten, das einem Horrorfilm gut anstehen würde. Von Nahem betrachtet, ist die Fledermausblume aber faszinierend und ihre Blüte von hochkomplexem Aufbau: Vor großen, braunvioletten Hochblättern öffnen sich die Petalen gleicher Farbe nach und nach. Ganz speziell sind die langen »Barthaare« – ebenfalls in der fahlen braunen Farbe –, die von der Blüte herabhängen und vermutlich als »Landepiste« für die befruchtenden Insekten dienen. Sie bringen – so Rosie Sanders – viel Bewegung ins Bild. Auch ihre großen, glänzenden Blätter sind sehr dekorativ.

Die Fledermausblume wird in Europa als Kulturpflanze angeboten, aber ihre Pflege ist recht anspruchsvoll, denn sie will viel Wärme, viel Luftfeuchtigkeit und kalkarmes, temperiertes Gießwasser. Ihre Rhizome lieben es feuchtwarm, scheuen aber die Nässe. Vor allem im Winterhalbjahr muss man die Wassergaben reduzieren; man gießt am besten erst, wenn die Blätter zu hängen beginnen.

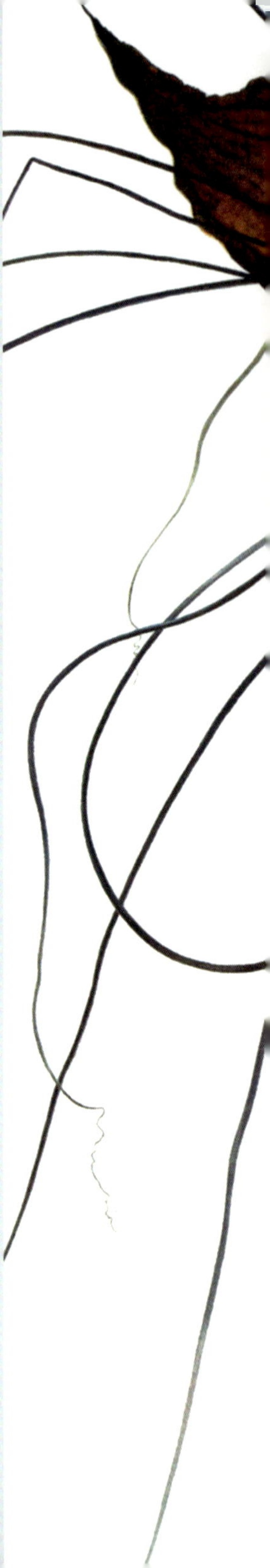

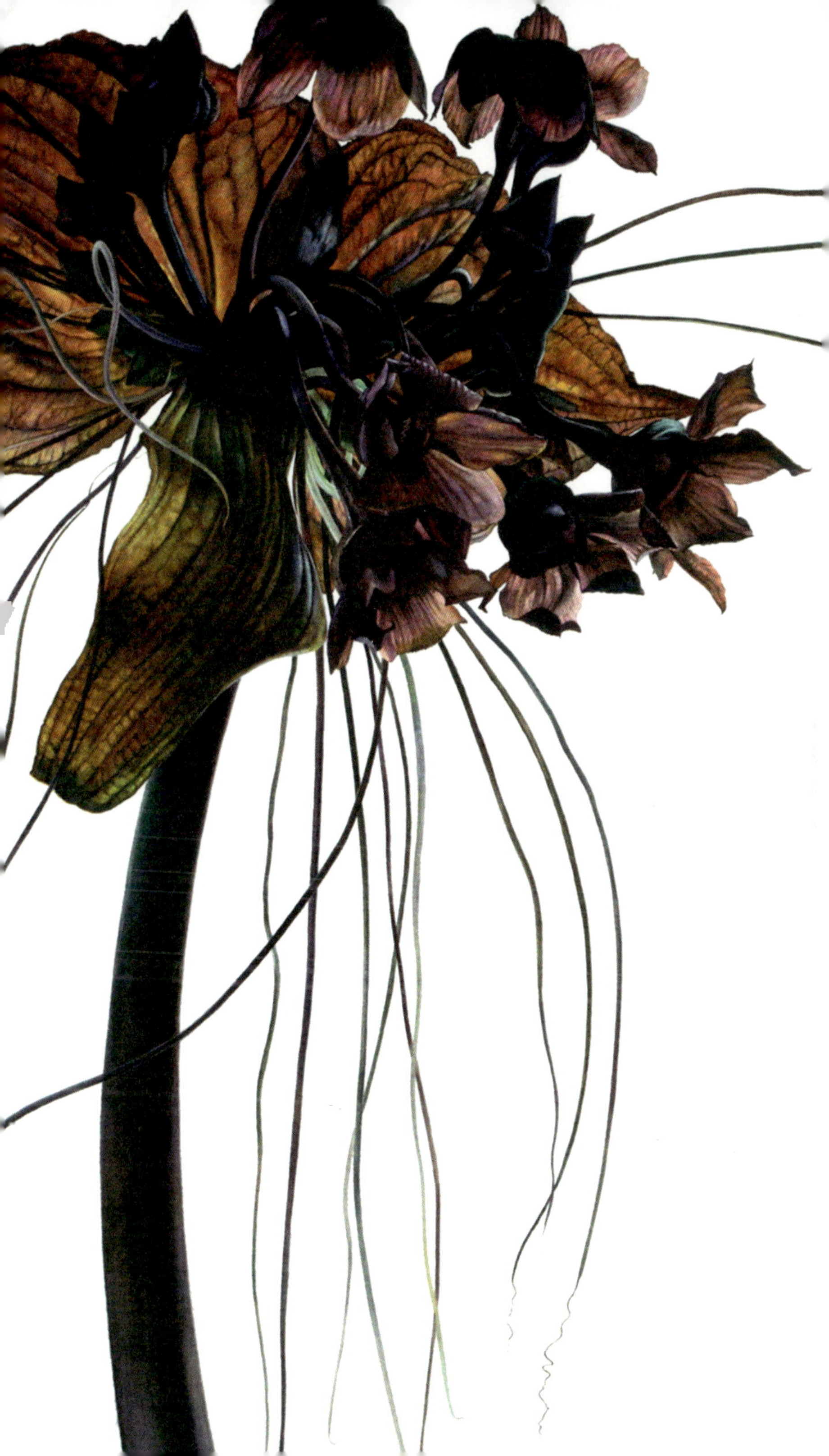

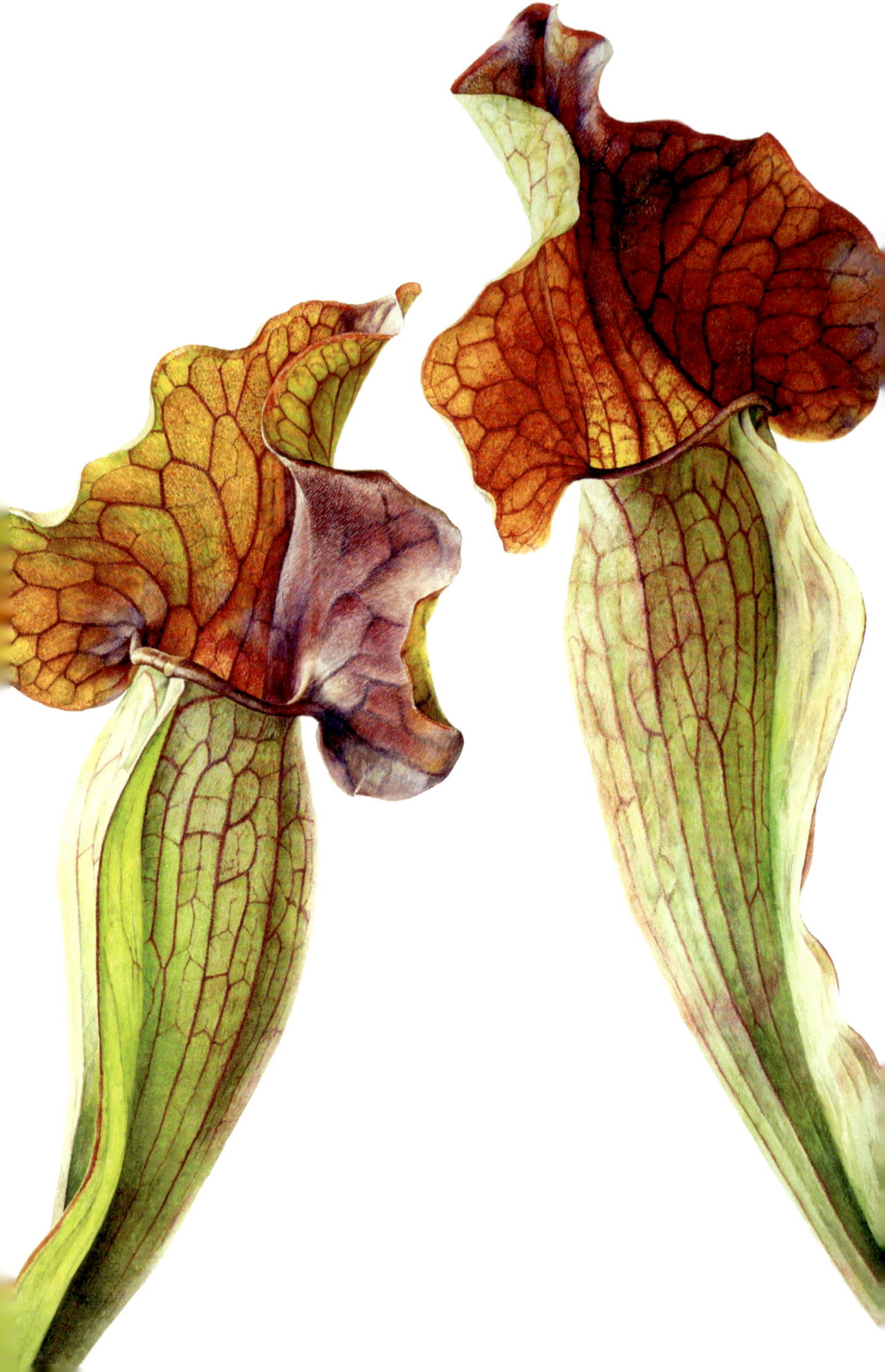

Phallische Fallen

Im Gegensatz zu den freundlichen Fledermausblumen, die keine Blutsauger sind, sind die Schlauchpflanzen *(Sarracenia)* wirkliche Karnivoren. Und ebenfalls im Gegensatz zur Fledermausblume sind die *Sarracenia* echte Sumpfpflanzen, die in der Nässe gut gedeihen. Man findet sie verwildert in europäischen Moorgebieten. Sie überstehen in der Regel auch recht harte Winter. Pflanzen, die in saurem Boden auf Hochmooren leben, haben wenige Chancen, zu ausreichender Ernährung zu kommen. Aber sie haben in den Jahrtausenden, während derer sich die Geschicktesten unter ihnen im Verlauf der Evolution vor dem Aussterben retteten, neue Skills erworben. Und in diesem Falle ist es die Fähigkeit, Insekten zu fangen und zu verdauen. Das Eiweiß der Insekten wird so zum Stickstofflieferanten für die Karnivoren. In Hochmooren finden wir den Sonnentau, der mit dem klebrigen Tau auf seinen Tentakeln, welche die Blätter bilden, Insekten fängt, oder das Fettkraut, das wie eine Leimrute Insekten auf seinen breiten Blättern festhält, um diese dann unbarmherzig einzurollen und mit dem Verdauen zu beginnen. Noch raffinierter ist die Venusfliegenfalle, die ihre Blätter zu mit Krallen bewehrten Fallen ausgebildet hat, die bei Berührung so schnell zuklappen, dass die Insekten keine Möglichkeit haben, sich davonzumachen.

Die Schlauchpflanze *Sarracenia*, die wir in den Bildern von Rosie Sanders in ihrer ganzen Schönheit vor uns sehen, gehört zu den Kannenpflanzen, die neugierige Insekten wohl einlassen, ihnen dann aber jede Chance nehmen, die glatten Innenseiten der langen Röhren, die ihre Blätter bilden, wieder hinaufzuklettern. Sie landen früher oder später im Verdauungssaft der Pflanze. Und um ihre geflügelten Opfer besser zu motivieren, in ihren Schlund zu steigen, ist dieser mit den Attributen einer Blüte ausgestattet: Wie das Kronblatt einer Orchidee lädt die Blattspitze zum Besuch. Die Botaniker sprechen von einer Haube, die teilweise die Öffnung des Schlauchs überdeckt und so das Volllaufen bei Regenwetter verhindert. Der obere Schlauchbereich, das Peristom, scheidet Nektar aus und lockt so die Insekten in die Falle. Der obere Rand ist mit Wachs beschichtet und somit glitschig, der Schlauch ist mit nach unten gerichteten Härchen besetzt, die ein Aufsteigen der Insekten verhindern. Die gelbe *Sarracenia* produziert zudem den Giftstoff Coniin, der eine betäubende Wirkung auf Insekten ausübt.

Rosie Sanders zeigt sich besonders begeistert vom »Aufglühen der Farben im Gegenlicht« und von den »anthropomorphen Formen«. Die Blüte der *Sarracenia*, die ihre Bilder nicht zeigen, sieht allerdings ganz anders aus: Auf hohem Stängel schwebt ein elegantes Gebilde wie ein Stern oder ein modern designter Beleuchtungskörper in Rot oder Gelb. Kelchblätter bilden die Blüte, und eine schirmförmige Verbreiterung des Griffels bietet den Insekten eine Plattform zur Befruchtung der Pflanze.

Die *Sarracenia* kommen aus dem Osten der Vereinigten Staaten, vorwiegend aus den küstennahen Staaten von Virginia bis Florida, *Sarracenia purpurea* hat ein viel größeres Verbreitungsgebiet, das sich über die Großen Seen bis weit nach Kanada hinein erstreckt. In Europa sind sie am Alpenrand und im Jura verwildert, vermutlich ursprünglich ausgesalbt von Züchtern. Sie stehen in den Sumpfregionen im Winter auch tiefere Temperaturen durch. Die Musterung ihrer Blätter ist von großer Vielfalt, sodass man eigentlich kaum weiß, welche Sorten man schon besitzt und welche man noch möchte. Die Pflanzen bilden immer neue Hybriden – wenn man sie nicht generativ durch Teilung vermehrt. Sie eignen sich sehr gut, um in einem Teich eine natürliche Uferbepflanzung zu schaffen. Zum Leben brauchen sie nur Wasser und Sonne, den Rest holen sie sich selbst.

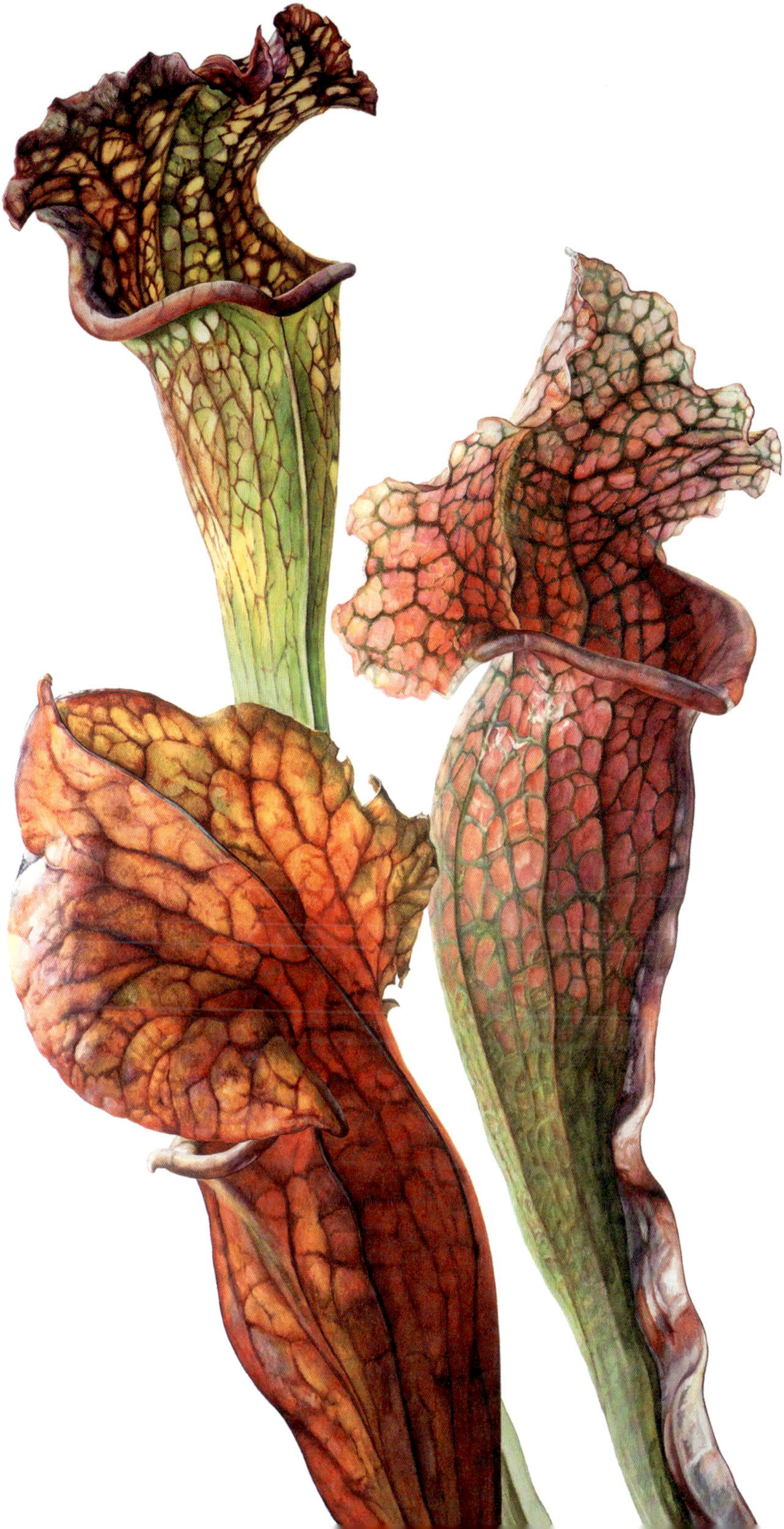

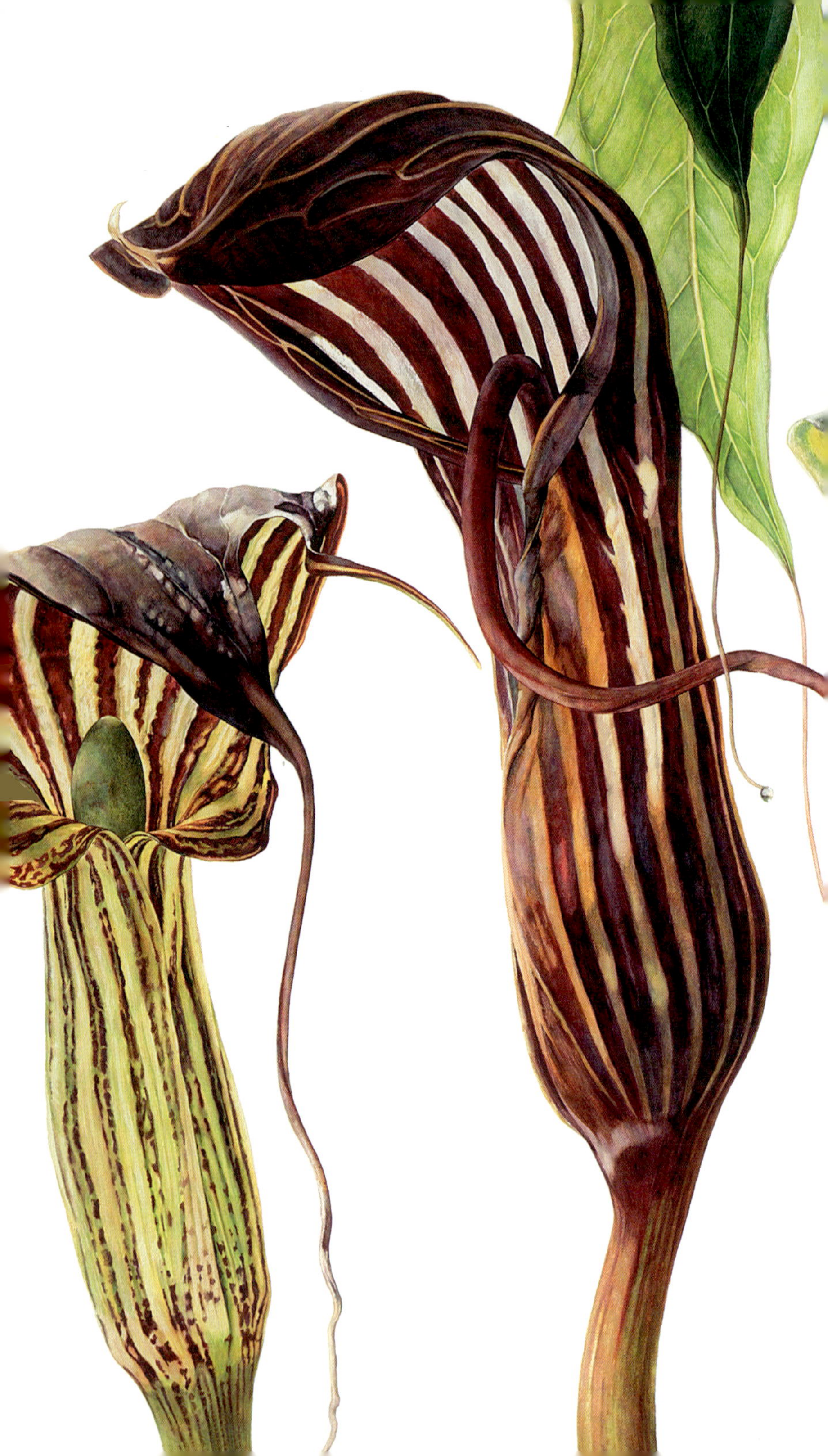

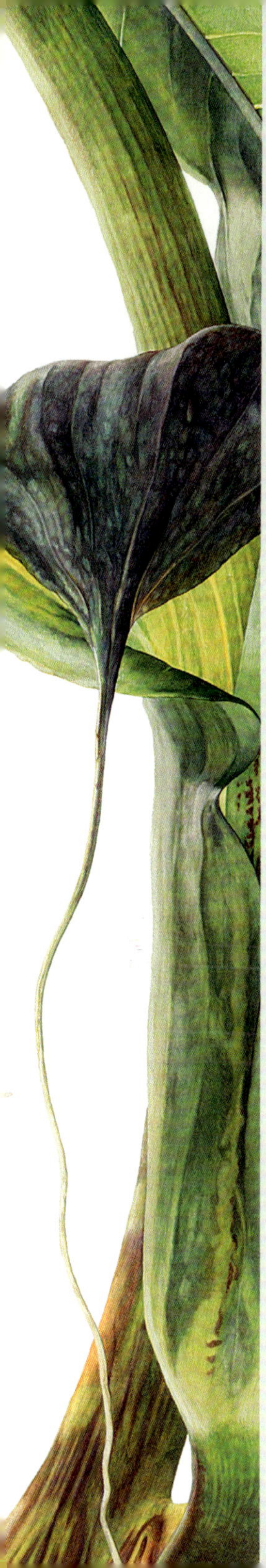

Bissiger Feuerkolben

Die Feuerkolben oder Kobralilien (hier *Arisaema formosana*) passen gut in diese Reihe von Pflanzen. Sie erscheinen Rosie Sanders etwas düster, aber sie liebt ihre Bewegtheit und ihren Charakter, und sie ist stolz darauf, sie mit dem Pinsel so erwischt zu haben, dass man glaubt, eine Interaktion zwischen den einzelnen Pflanzen beobachten zu können, auch wenn das gar nicht ihre Absicht war.

Arisaema gehören zur Familie der Aronstab-Gewächse, und sie weisen deren typische Blüte auf mit dem umfassenden, in einem spitz auslaufenden Hochblatt der Spatha und dem daraus hervorragenden Kolben (Spadix). Die Spatha bildet eine Art Kesselfalle, in der die bestäubenden Insekten sich fangen und so sicher einmal den Stempel berühren, sodass die Befruchtung möglich ist. Aber im Gegensatz zur Kanne der *Sarracenia* werden die Insekten dabei nicht zwingend getötet. Die männlichen *Arisaema* haben eine Öffnung in der Spatha, aus der die mit Pollen beladenen Insekten wieder wegfliegen können. Die weiblichen Kesselfallen können jedoch zur tödlichen Endstation werden. Die Artenvielfalt der Gattung *Arisaema* ist groß, und ihre Biotope reichen von tropischen bis zu alpinen Lebensbedingungen.

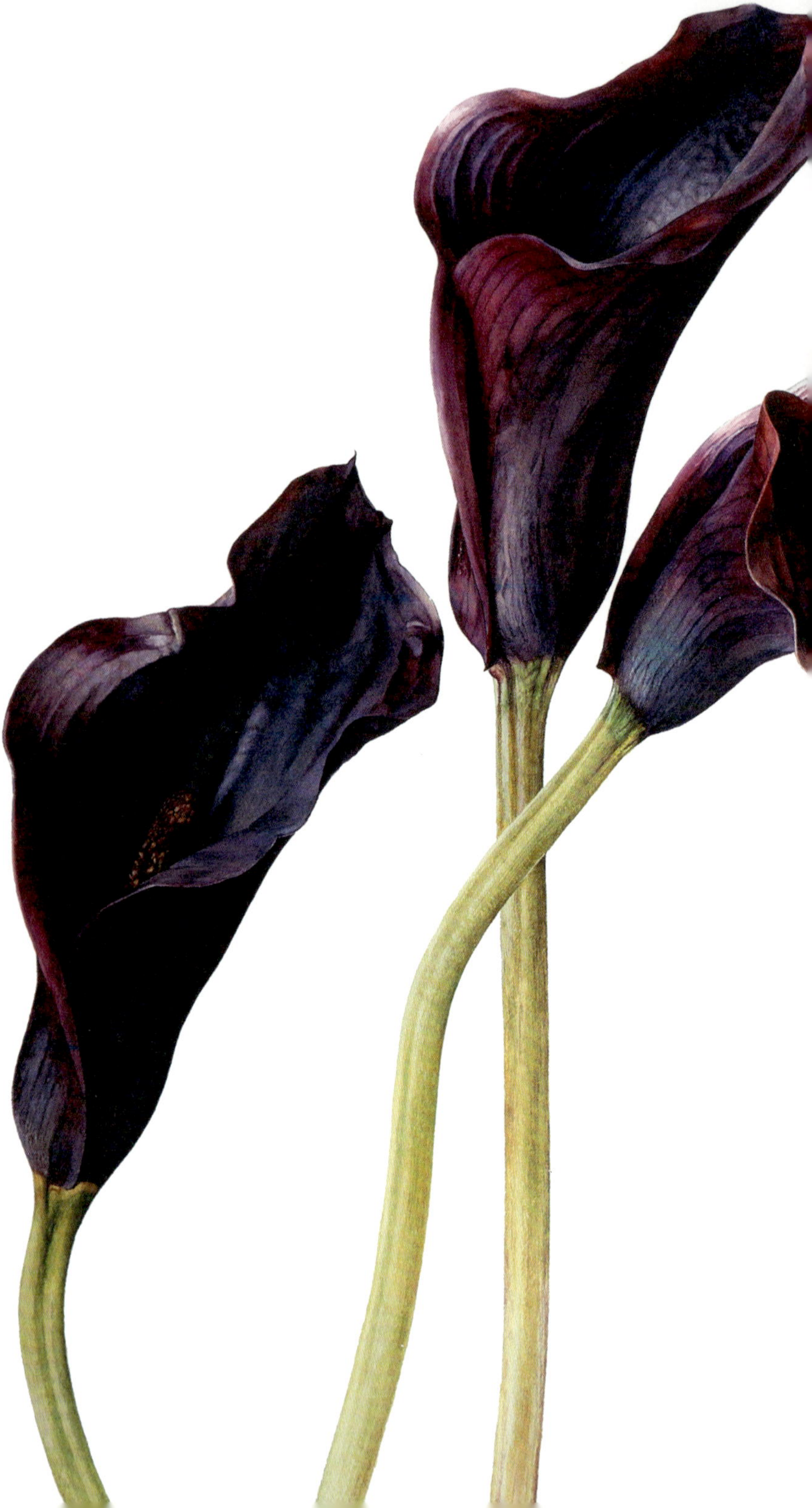

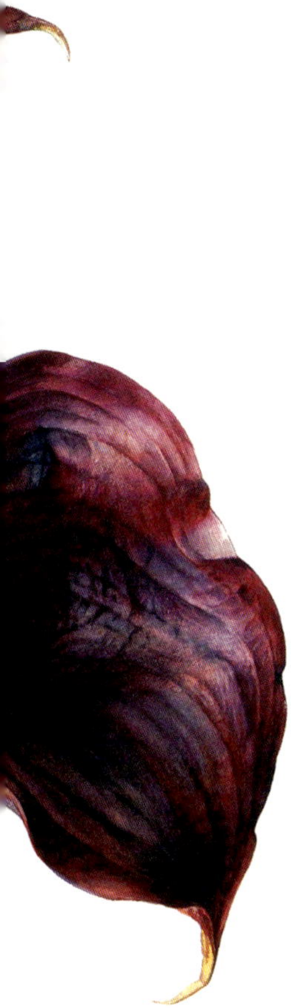

Zantedeschia – Calla: die grossen afrikanischen Cornets

Die prächtigsten Aronstabgewächse sind die afrikanischen *Zantedeschia aethiopica*, die weißen Cornets. An Plätzen, die ihnen zusagen, blühen sie von Frühling bis Herbst. Sie lieben im Sommer feuchte, ja sumpfige Standorte, im Winter haben sie lieber einen tieferen Wasserstand mit weniger Nässe. Es gibt sie in vielen Farben: Weiß, Grün, Gelb, Rot, Orange, Rosa, Lila, Dunkelviolett und fast Schwarz – die Züchter haben es verstanden, den weißen Zantedeschien Farben »aufzuzwingen«. Ihren Namen haben sie vom italienischen Botaniker Giovanni Zantedeschi (1773-1846).

Die Calla *(Calla palustris)* dagegen ist eine Sumpfpflanze der Nordhalbkugel. Sie wächst sich selbst mit ihren Rhizomen gewissermaßen immer davon und bildet große Populationen in Sümpfen und langsam fließenden Gewässern. Sie ist ebenfalls ein Aronstabgewächs mit Spatha und Spadix und wird auch Schlangenwurz oder Drachenwurz genannt. Ihre Spatha ist nicht ganz geschlossen.

Die Zantedeschia ist gewissermaßen das Gleiche in einer viel eleganteren Ausführung: Die Spatha ist mehr als geschlossen, eben wie ein Cornet, eine Tüte. Sie ist die absolut perfekte Designerblume unserer Zeit.

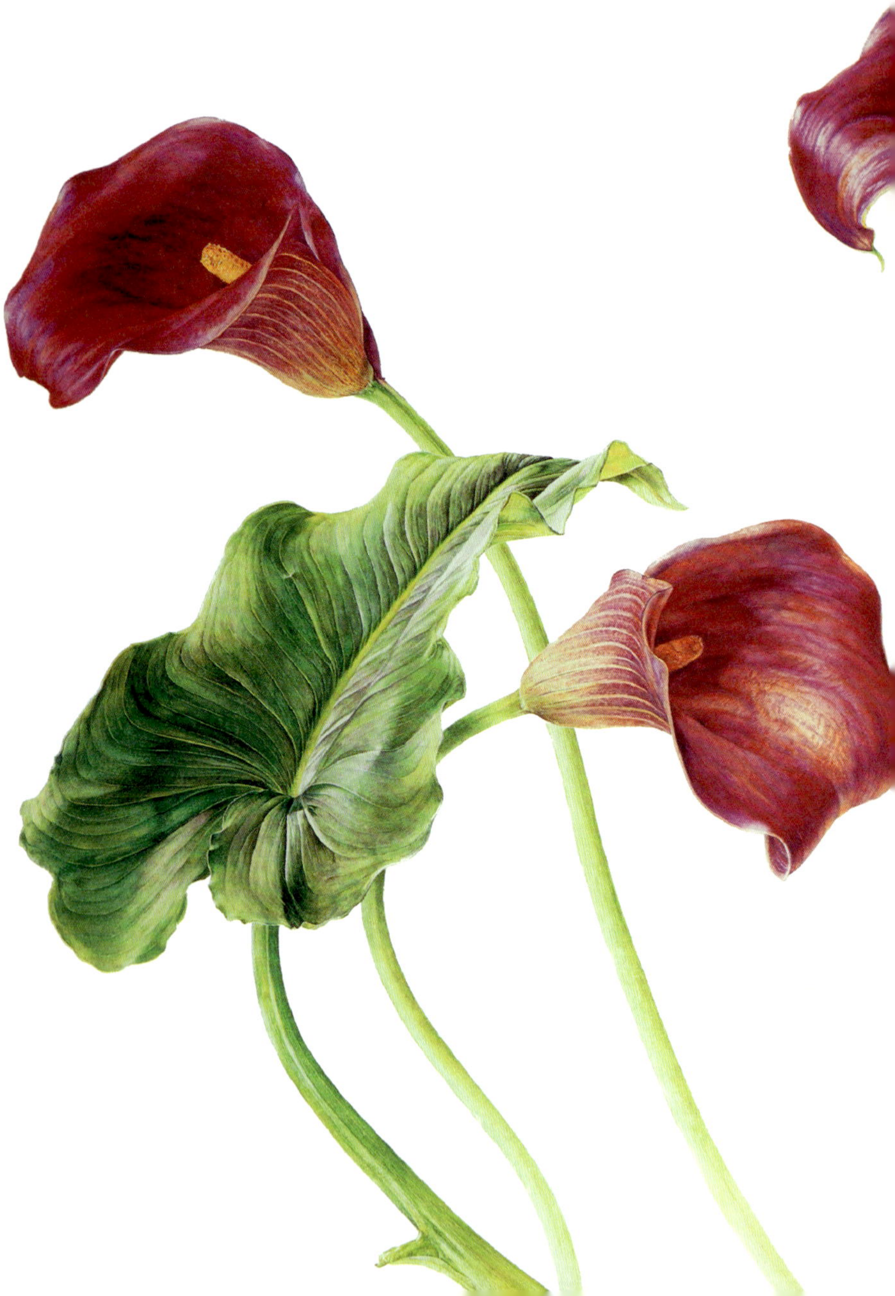

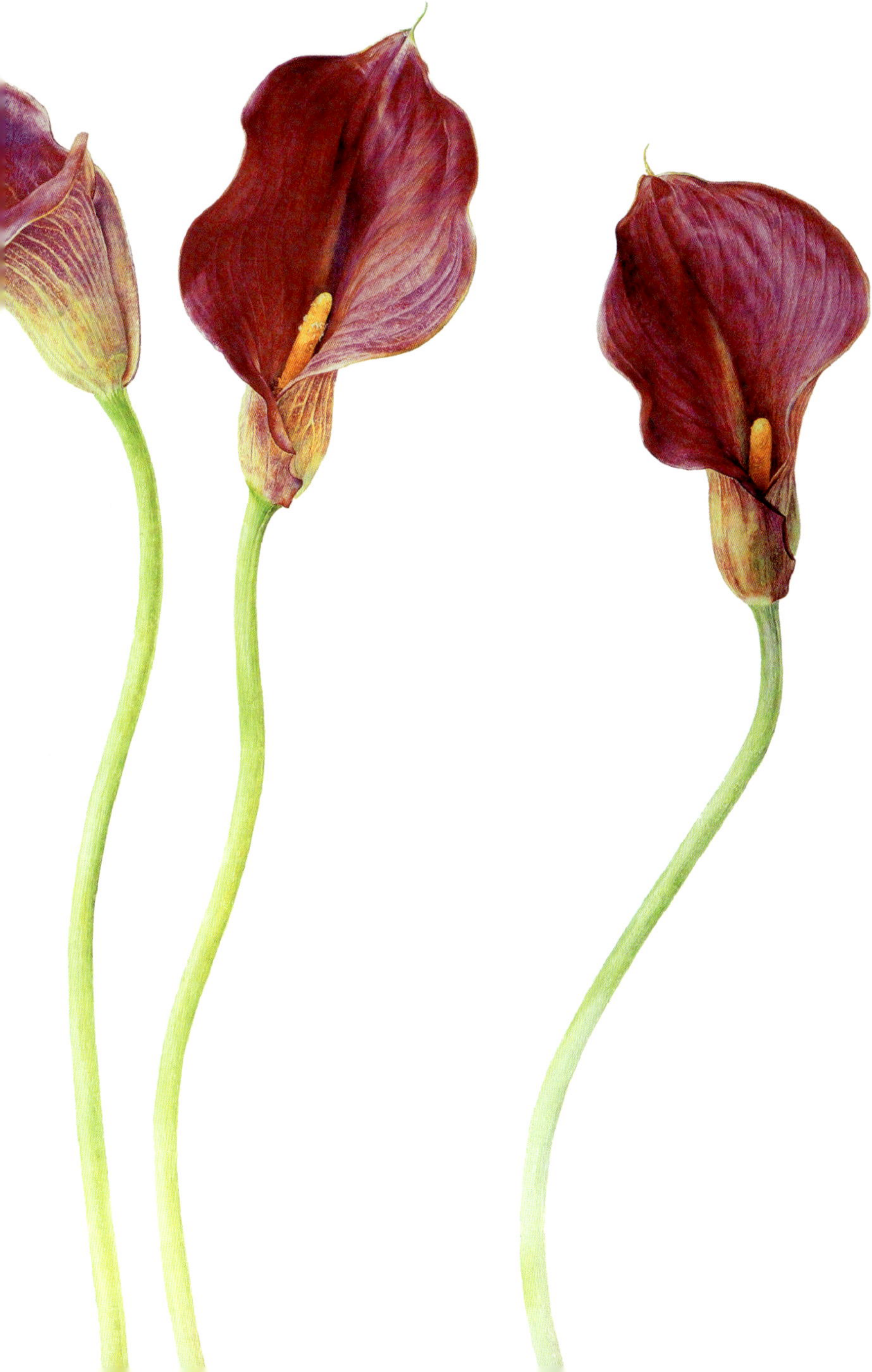

Das wilde Feuer der Canna

Da die Canna nicht winterhart ist, muss man die Knollen nach dem Einzug der Blüte ausgraben und sie im dunklen, kühlen und trockenen Keller überwintern. Ihren deutschen Namen kennen nur wenige, er lautet Blumenrohr. Es gibt kaum eine Blume, die ein leuchtenderes Gelb und ein frecheres Orange hervorbringt als die Hybriden der *Canna indica*. Wie einem die Blattform sofort verrät, ist die Canna eine nahe Verwandte der Bananenstaude, der Strelitzie, der Pfeilwurzgewächse und der Helikonien. Als Ingwergewächs stehen ihr aber Hedychium, Ingwer, Kurkuma, Galgant, Kardamon oder Roscoea noch näher.

Seit die Canna in Kultur geraten ist, sind über 1000 Sorten entstanden. Einige davon auch mit dunkelroten oder verschiedenfarbig gestreiften Blättern. Die Sorten zu bestimmen, die Rosie Sanders gemalt hat, ist ein Ding der Unmöglichkeit, es gibt zu viele sehr ähnliche Cannas, und sie werden in der Literatur oft einfach als Orange Canna Lily oder Yellow Canna Lily bezeichnet. Sie selbst bezeichnet das Bild als »Wild Fire«. Was da lodert wie Fackeln, ist auf jeden Fall eindrücklich, und es zeigt auch die oft sehr feine Beschaffenheit der neu aufgehenden Blütenblätter, die fast wie feines Krepppapier wirken.

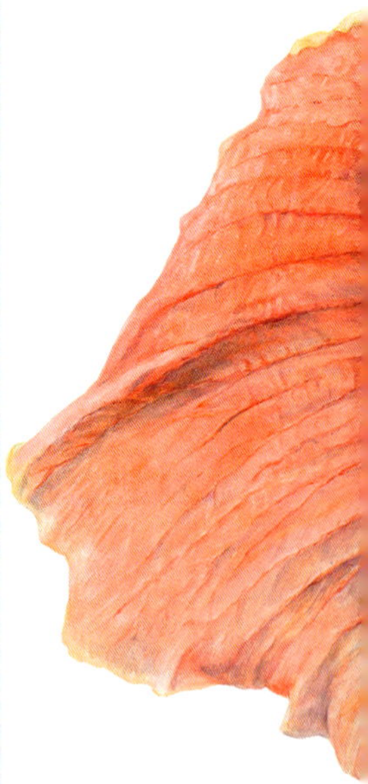

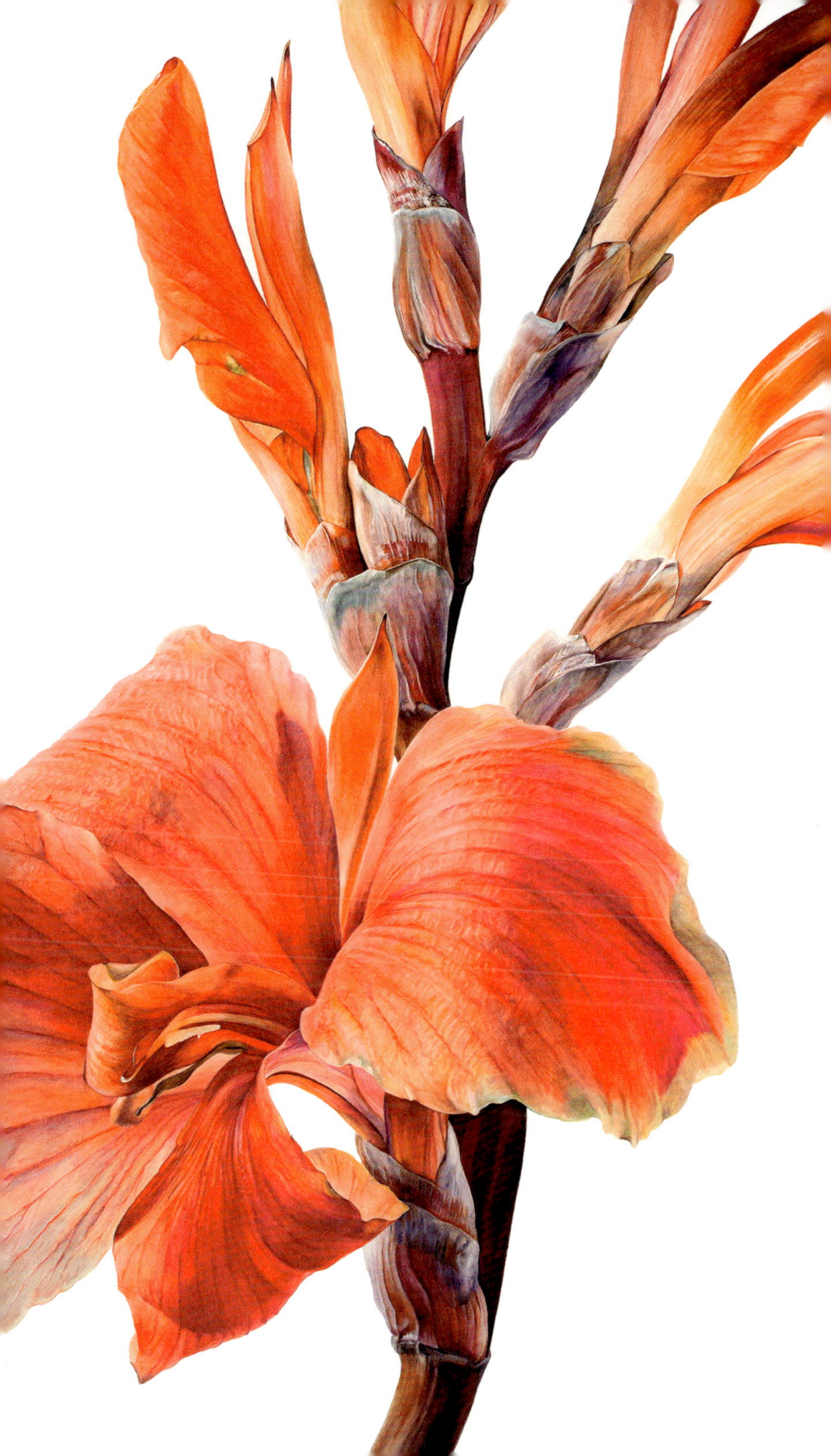

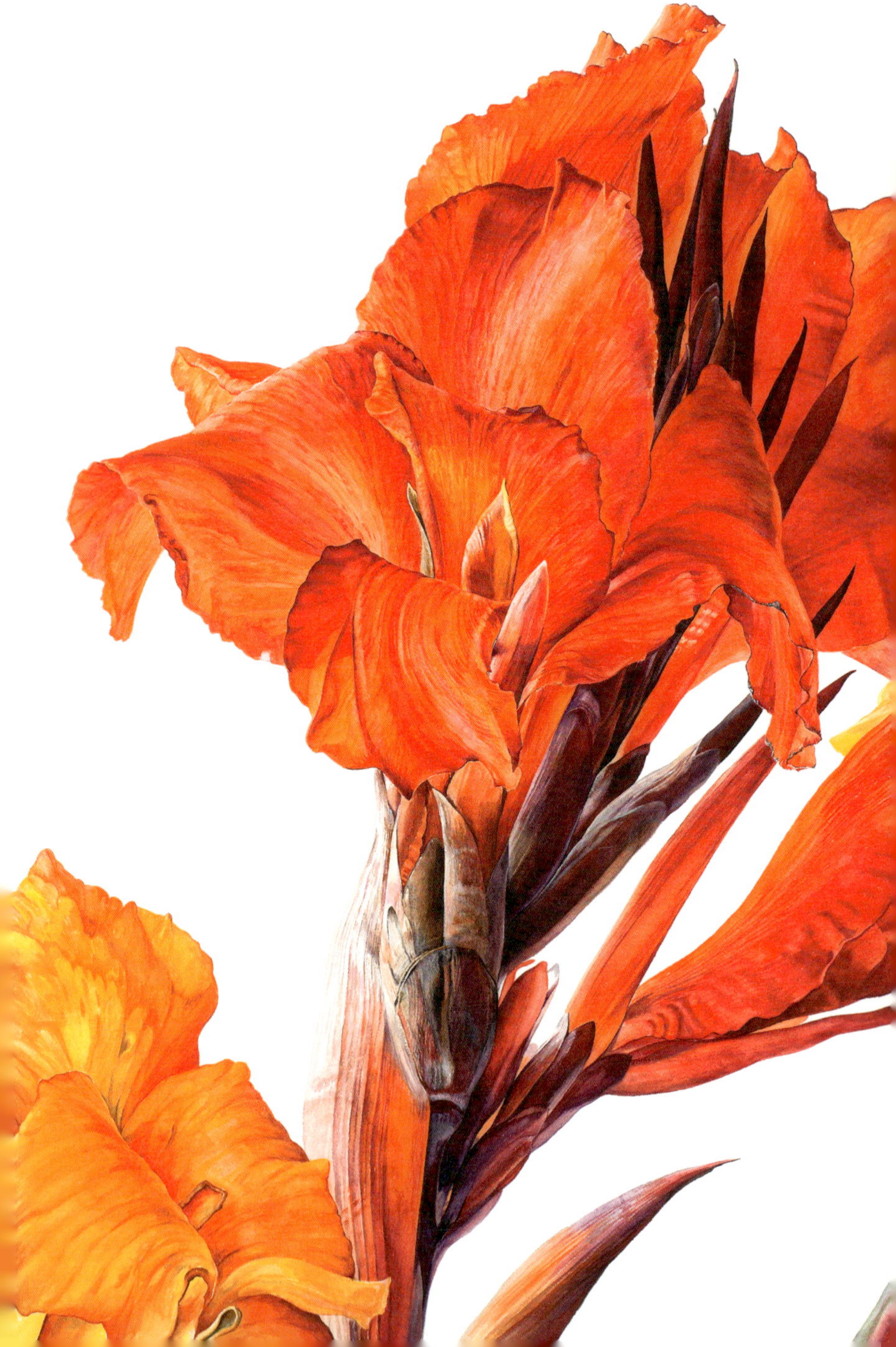

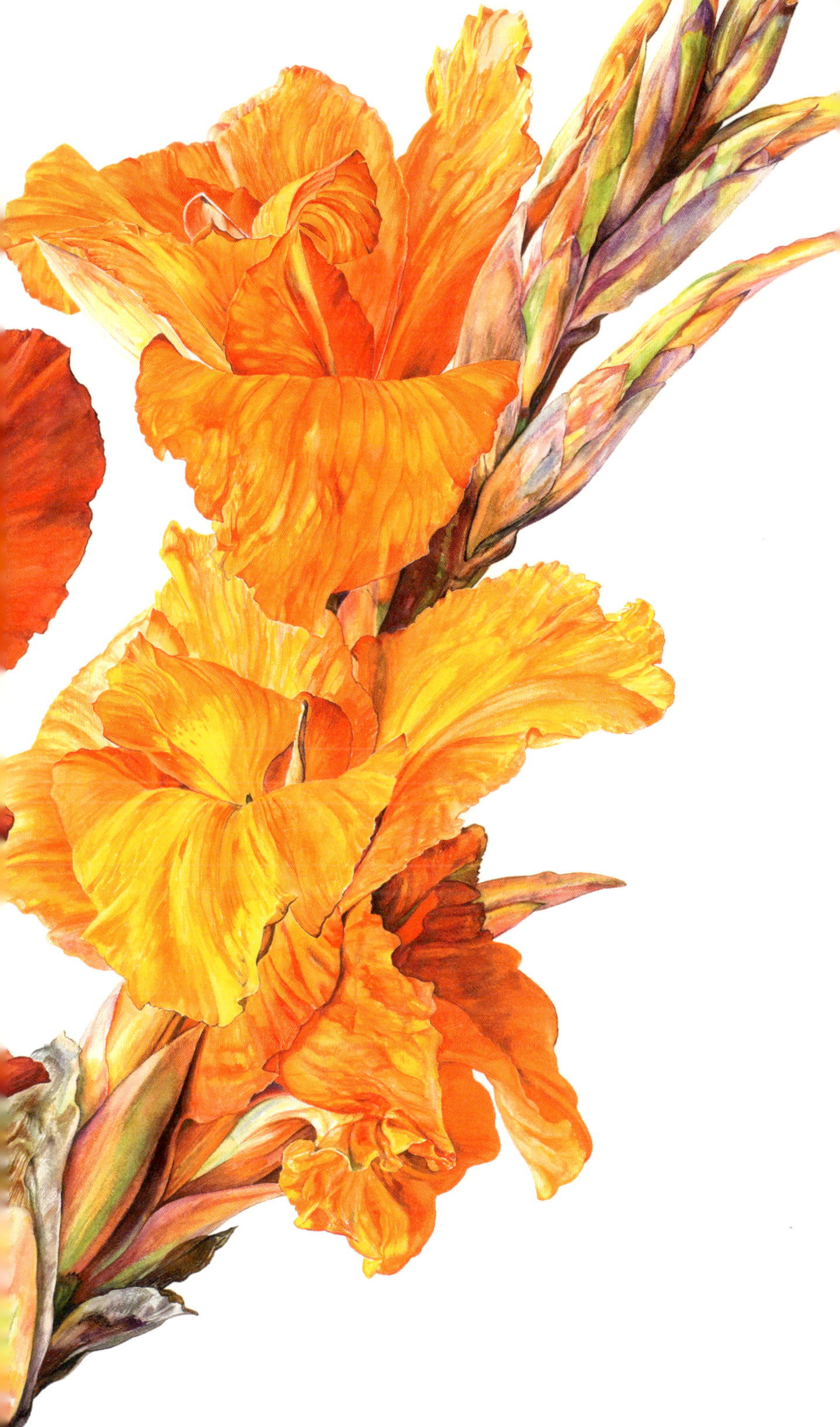

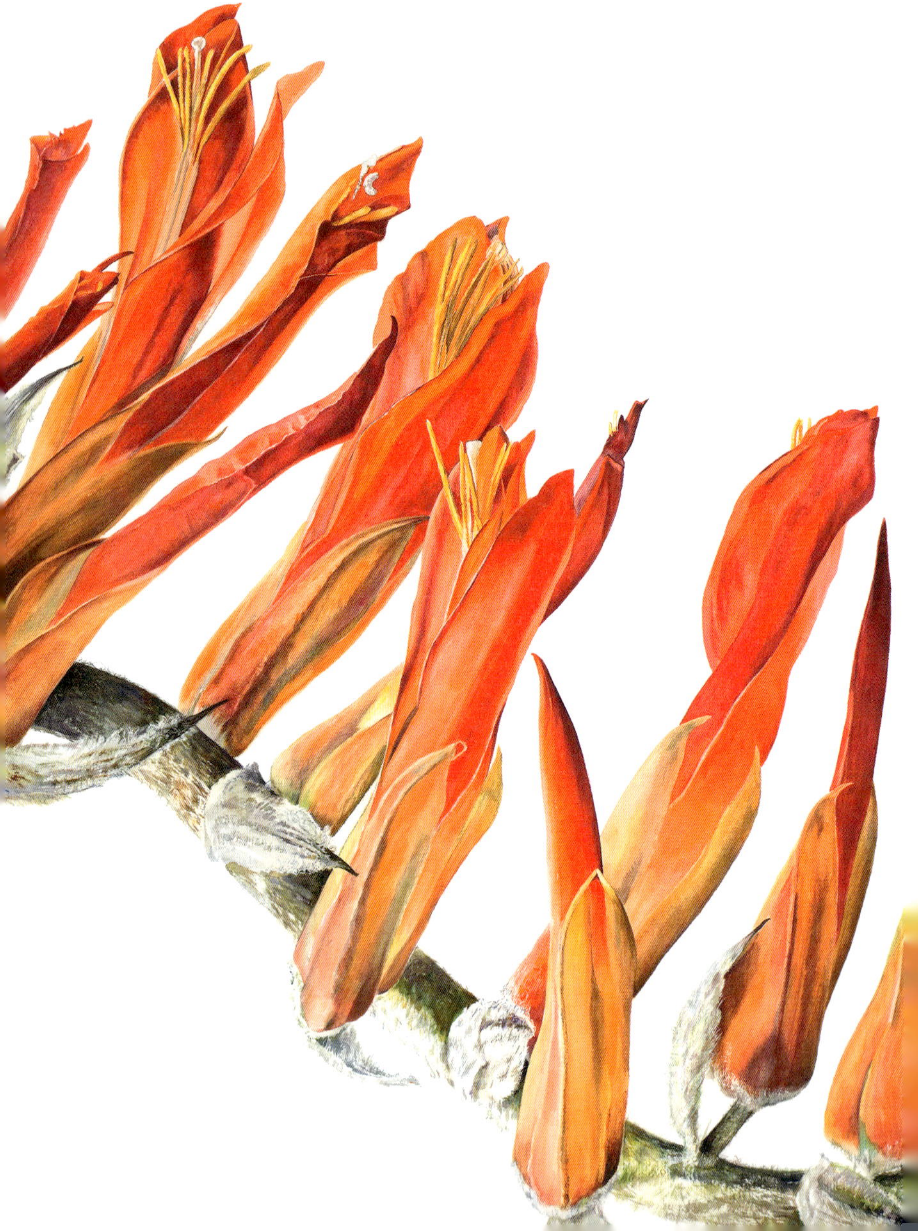

Leuchtende Bromelie

Die *Pitcairnia* ist eine Pflanzengattung in der Großfamilie der Bromelien. Und Bromelien wachsen oft als Epiphyten in den Bäumen. Die *Pitcairnia* sind allerdings ausdauernde krautige Pflanzen mit einer Blattrosette, aus der die Blüten aufsteigen. Rosie Sanders malt eine *Pitcairnia bergii* aus Ecuador mit leuchtend roten Blüten. Sicher sind es die Farbe und die regelmäßige Anordnung des Blütenstandes, die sie dazu bewogen haben, die Pflanze zu malen. Sie ist keine so hinreißende Blume wie so viele andere, die wir aus ihrem Atelier kennenlernen konnten. Und sie ist auch keine epiphytisch lebende Pflanze. Sie trägt ihren Namen zu Ehren von Wally Berg (1927-2000), der sie in der Natur gesammelt und als Kulturpflanze eingeführt hat. Die Gattung *Pitcairnia* ist benannt nach William Pitcairn, einem englischen Arzt und Botaniker (1711-1791). Sein Neffe Robert hatte 1767 die Ehre, als fünfzehnjähriger Matrose als Erster die Insel zu sehen, die dann seinen Namen bekam. Nur zwei Jahre später ertrank er im Indischen Ozean. 1790 suchten die Meuterer der Bounty auf der Insel Pitcairn Zuflucht.

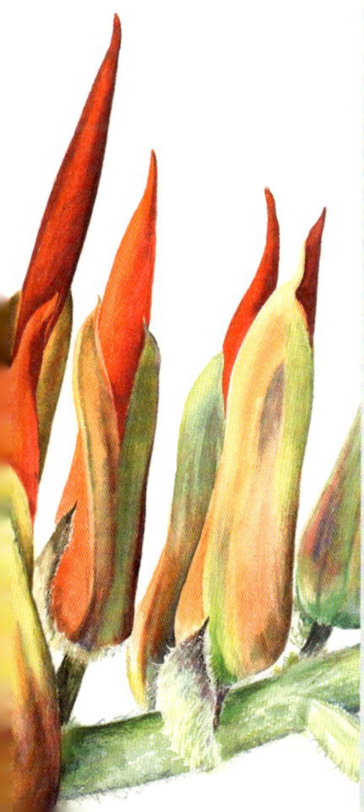

III. Die Faszination der Orchideen

Wer gerne Blumen malt, kommt um die Familie der Orchideen nicht herum. Es gibt die eurasischen Orchideen, die Knabenkräuter, Männerkräuter, Helmorchis, Waldvögelein, Sumpfwurz oder all die Ragwurzarten, die Insekten imitieren, um sie zur Bestäubung anzulocken.

In Europa sind die Blüten im Verhältnis zu den tropischen Vertretern der Orchideengewächse nur Miniaturen, aber der Blütenaufbau ist identisch mit dem der tropischen Orchideen mit ihren geradezu riesigen Blüten: drei praktisch gleich gestaltete Kelchblätter (Sepale) umfassen drei Kronblätter (Petalen), von denen zwei sich wie Schmetterlingsflügel ausbreiten und das dritte eine Lippe (Labellum) bildet. Im Zentrum der Blüte, auf das alle Blätter hinweisen, befindet sich die Säule (Columna) mit den männlichen und weiblichen Geschlechtsorganen. Die Orchideen entwickelten sich vor rund 100 Millionen Jahren, und sie sind auch heute noch in einer »heißen« Phase der Evolution, die immer neue Arten und Sorten hervorbringt. Man schätzt, dass es 800 bis 900 Gattungen und etwa 35 000 Arten gibt, jährlich kommen bis zu 500 neu entdeckte Arten dazu. Sorten (inklusive Hybriden) zählt man derzeit rund 120 000.

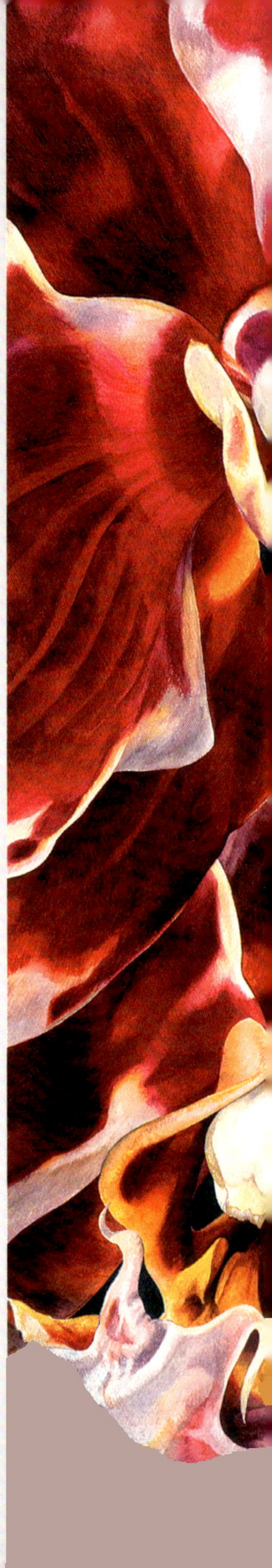

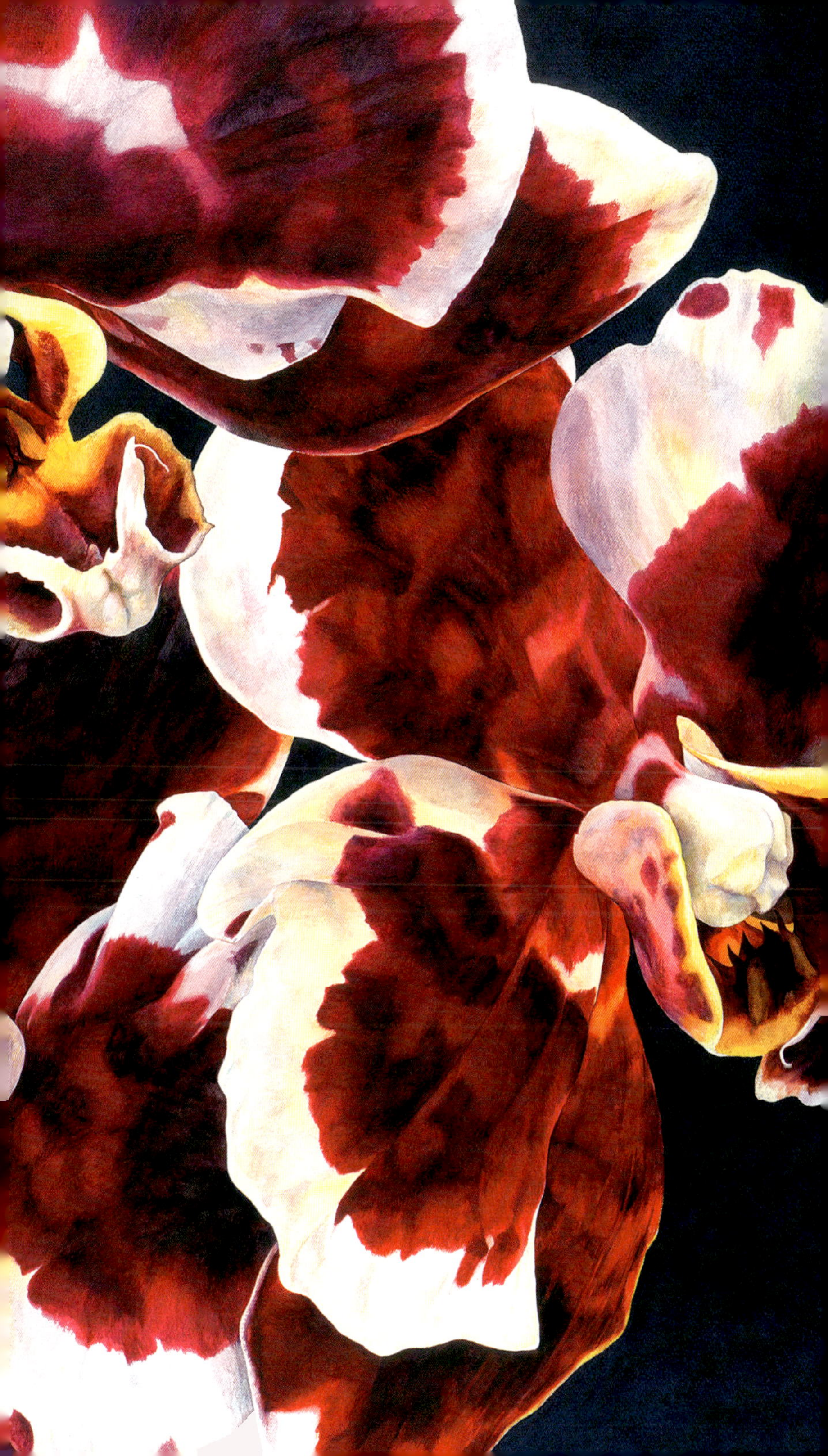

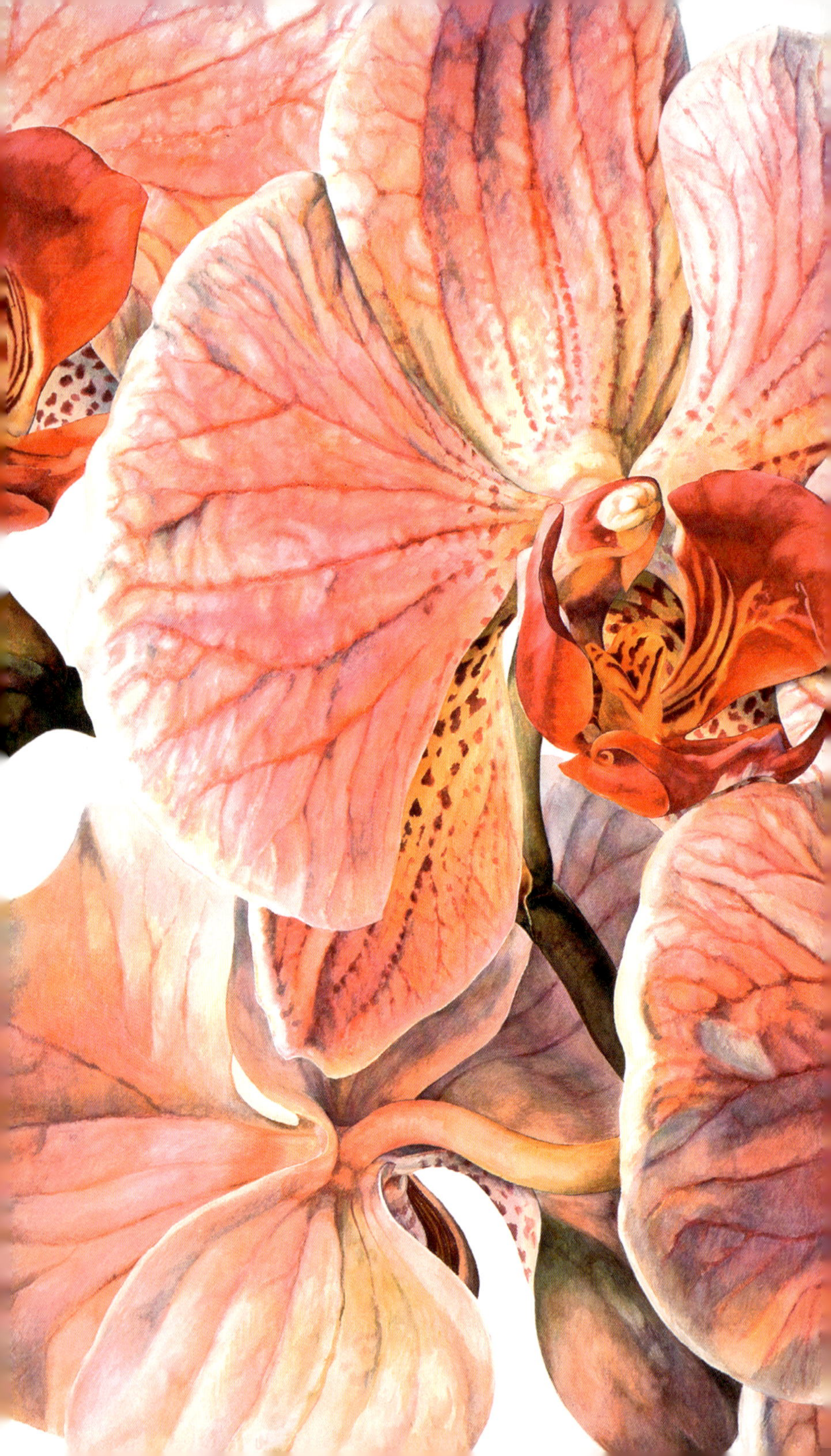

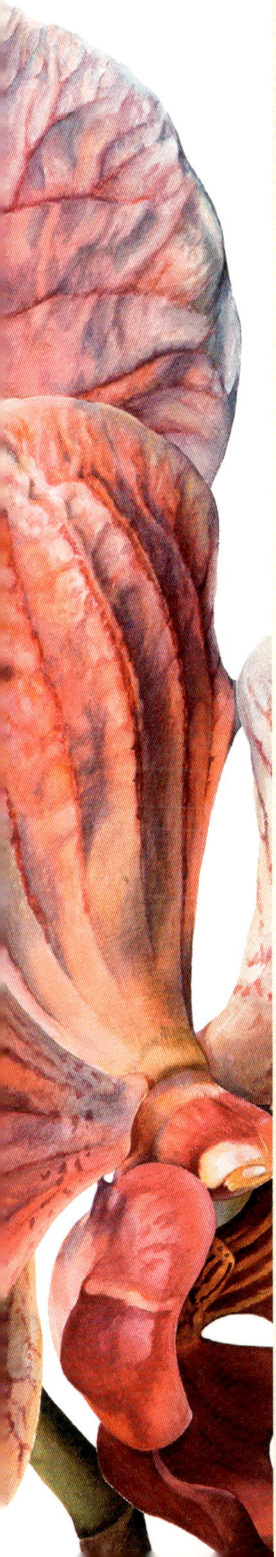

Vielfalt statt Masse: Phalaenopsis – Malaienblume

Sie sind prächtig und elegant, die *Phalaenopsis*, die heute wohl häufigsten Vertreter der Orchideen in Gärtnereien und Haushalten. Es gibt weiße *Phalaenopsis* mit rötlichem oder gelblichem Schlund, es gibt sie mit großen Blüten wie Schmetterlinge – ihr Name leitet sich vom griechischen Namen für Nachtfalter ab – oder in Miniaturformat, und seit einiger Zeit findet man auch Blütenrispen, bei denen die einzelnen Blüten ganz akkurat hintereinanderhängen. Eine Gattung, die sich hervorragend zur Zucht immer neuer Hybriden eignet, von denen derzeit rund 25 000 registriert sind. Vorsichtig geschätzt, werden allein in Europa jährlich mehr als 200 Millionen *Phalaenopsis*-Pflanzen verkauft. Rosie Sanders lebt in der Nähe einer guten Orchideengärtnerei, und sie findet dort all die faszinierenden Arten von *Phalaenopsis*, die jährlich neu auf den Markt kommen. Die Sorte Ever Spring King ›Lee‹ hat ein rotes Muster aus Streifen und Punkten. Sie entstand im letzten Jahrzehnt des vergangenen Jahrhunderts. Oft ist die braunrote Partie sogar anteilmäßig größer als die weiße. Darunter sind auch dünne rote Strahlen zu beobachten. Das von Rosie Sanders gemalte Exemplar ist typisch für die auf dem Markt vorhandenen Variationen.

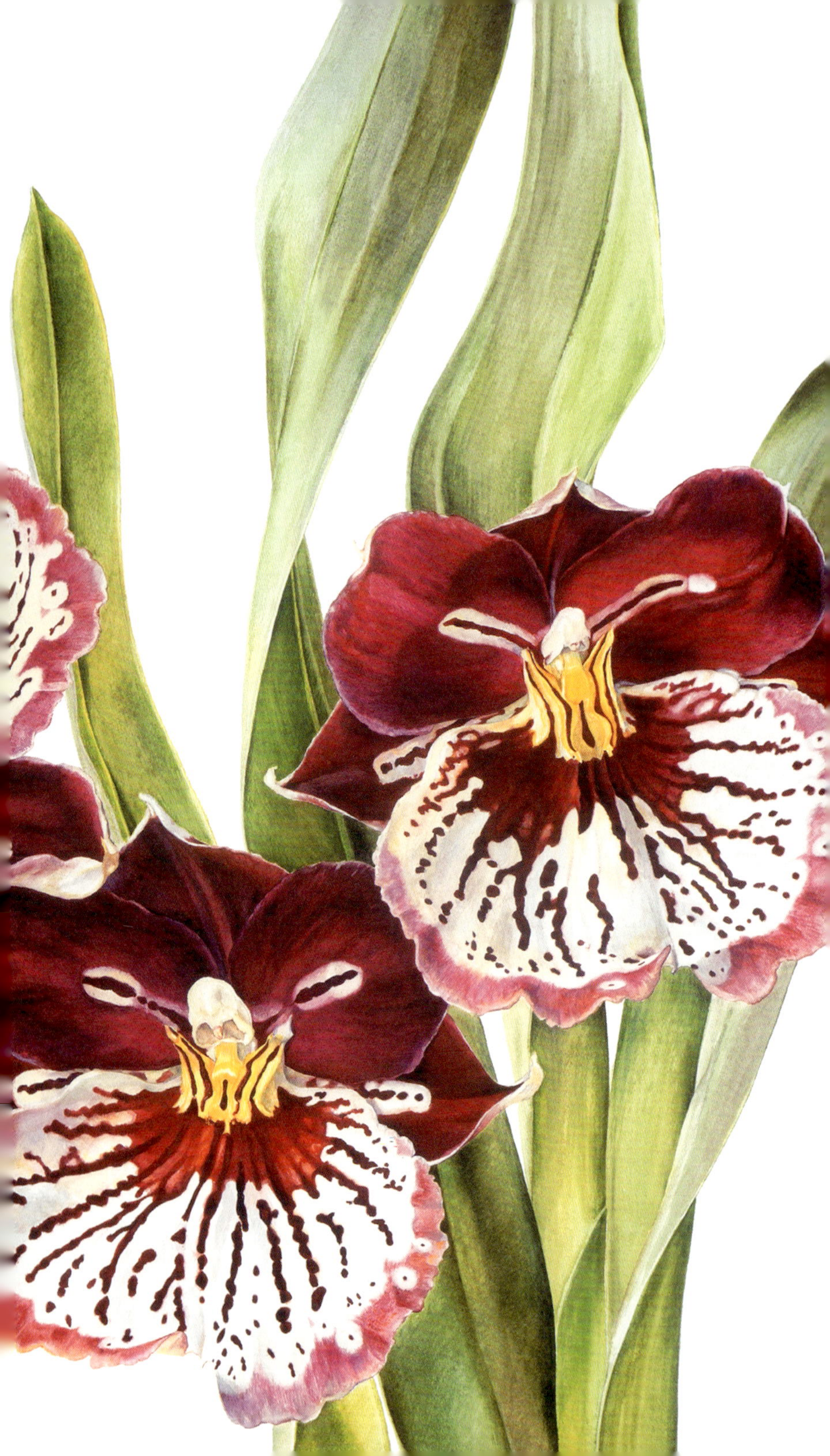

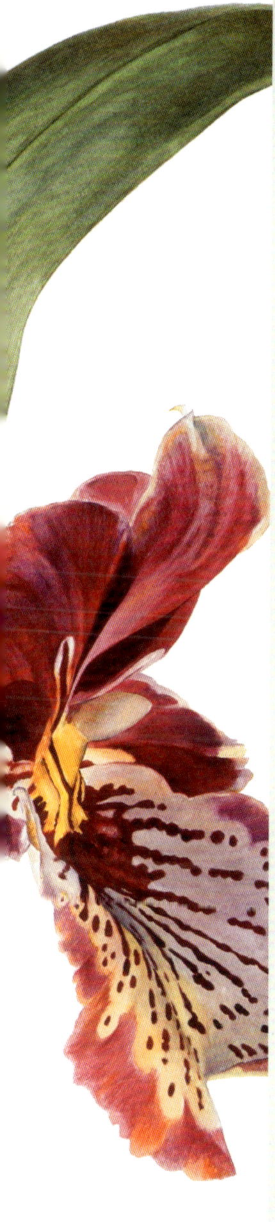

Miltoniopsis – Stiefmütterchen unter den Orchideen

Ein ganz ähnliches Farbenspiel wie die *Phalaenopsis* zeigen auch die *Miltoniopsis*-Orchideen. Sie wirken allerdings weniger wächsern und haben feinere, lanzettliche Blätter. Die unteren Blütenblätter sind deutlich größer als bei *Phalaenopsis*, was ihnen den deutschen Namen Stiefmütterchenorchidee eingebracht hat, und sie sind so gemustert, dass alles auf das Zentrum der Blumen hinweist, vergleichbar der Pistenbeleuchtung auf einem Flughafen. Dort sollen die Bestäuber auch hin! Die Kultivar Red Tide, die Rosie Sanders gemalt hat, zeigt sehr gut die stiefmütterchenhafte Blatteinfassung. Eine hübsche Orchidee, aber nicht ganz ohne eine Spur von Biederkeit. Die *Miltoniopsis* stammen aus Südamerika, und es gibt nur zehn Arten, aber Tausende von Hybriden. Auch bei dieser Orchidee ist ein Überschwemmen des Marktes zu beobachten unter den Namen *Miltonia*, *Miltoniopsis* und *Miltiona*. Die botanische Einordnung all dieser Hybriden ist für den Laien ein hoffnungsloser Gang durchs Labyrinth.

Komplexe Züchtungen mit feiner Duftnote

Die *Burrageara*-Orchideen sind eine Hybridform aus *Cochlioda* × *Miltonia* × *Odontoglossum* × *Oncidium*. Das wirkt schon fast wie eine Formel aus der organischen Chemie, und es braucht einen Sherlock Holmes unter den Genetikern, um sich bei solchen Mehrgattungshybriden zurechtzufinden. Bewundern wir einfach den schönen Aufbau der Blüte und die spannenden Rottöne, die dort, wo das Licht von hinten mitspielt, heller sind, wo die Blütenblätter sich überkreuzen, aber kräftige, dunkle Töne vorherrschen. Die rot leuchtenden Blüten mit ihrem gelben Mittelpunkt verströmen angenehmen Duft, der an Rosen erinnert. Ihren Namen hat die Orchidee nach dem in Massachusetts geborenen Sammler Albert C. Burrage, der 1921 zum Präsidenten der American Orchid Society gewählt wurde. Rosie Sanders fand die *Burrageara* ›Nelly Isler‹ in ihrer Orchideengärtnerei in der Umgebung, und sie war vom warm glühenden Rot fasziniert ebenso wie von den fast schwarzen Knospen. Zwei sehr ähnliche Gemälde bilden gewissermaßen ein Diptychon, das nun in einem Haus auf Barbados hängt.

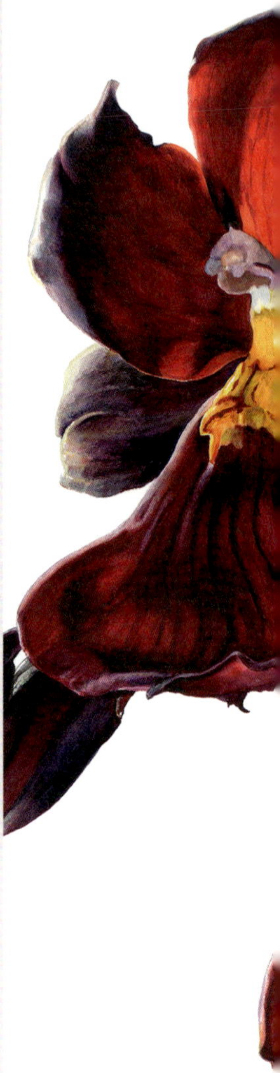

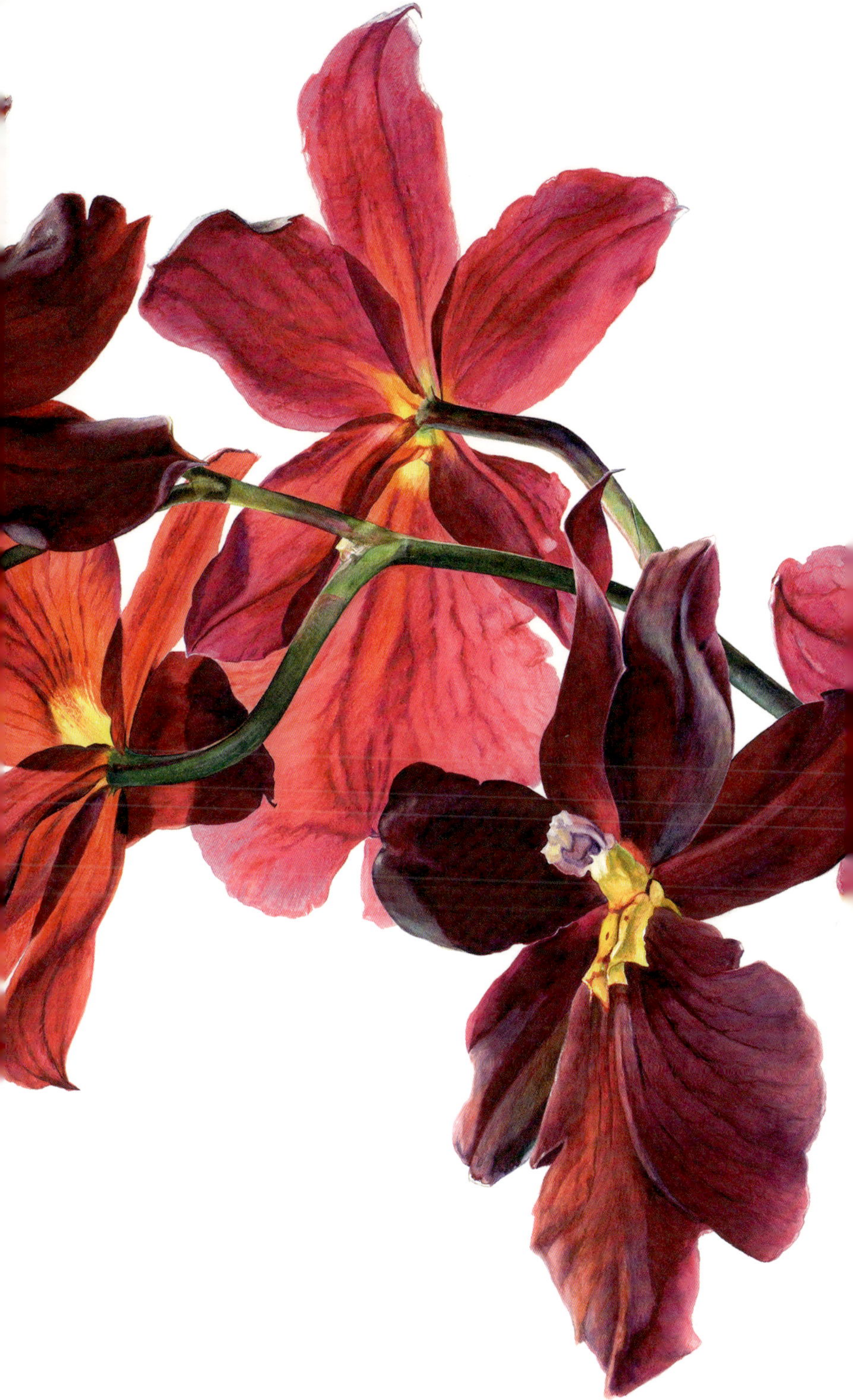

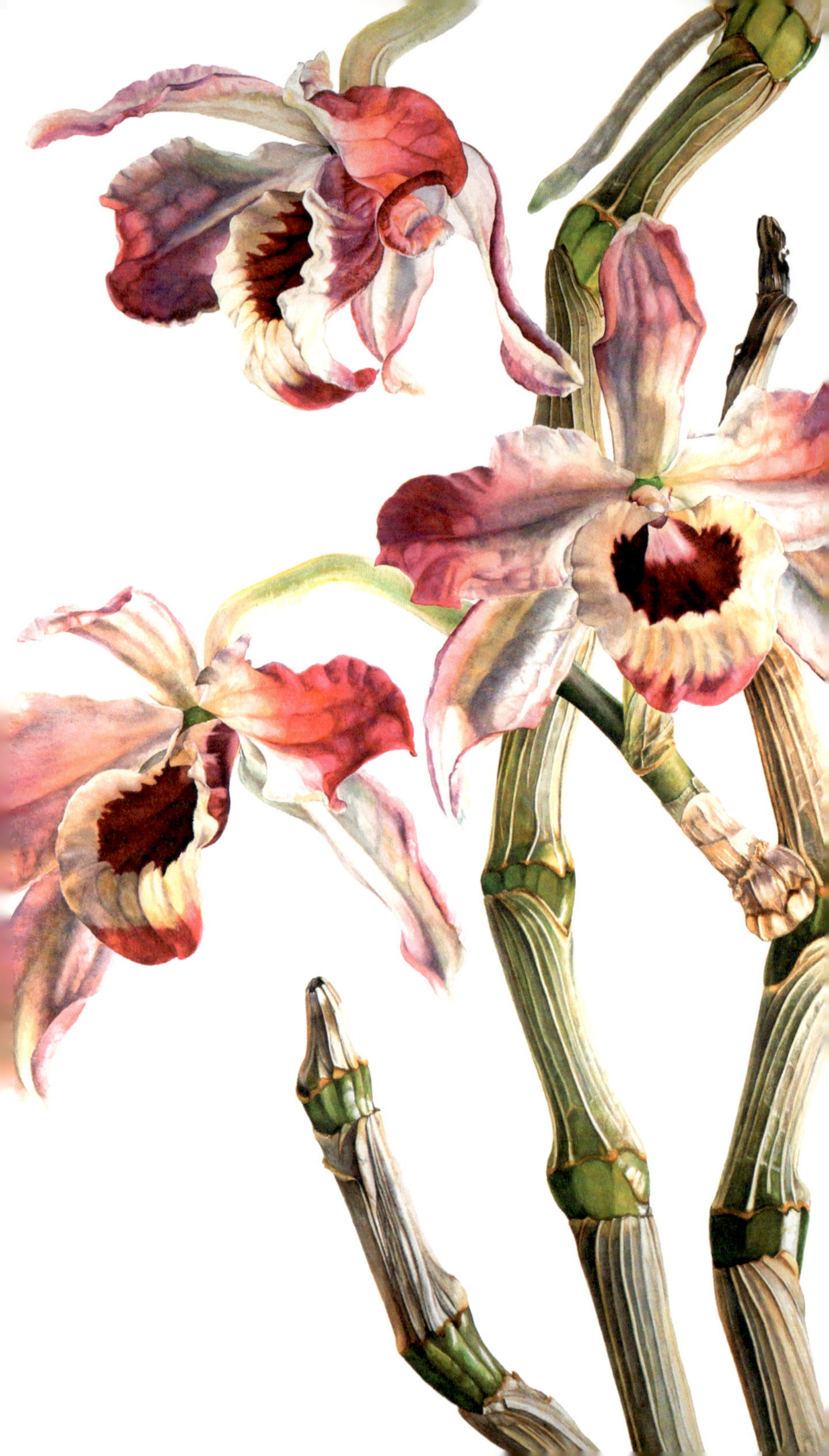

Der blühende Bambus

Dendrobium ist eine sehr vielseitige Gattung in der Familie der Orchideen mit Blüten von sehr unterschiedlicher Größe, Gestalt und Farbe aus Südostasien. Der Name der Orchidee kommt aus dem Griechischen (»dendron« und »bios«: »Baum« und »Leben«). Am häufigsten findet man in den Gärtnereien die großen weißen oder violetten Blüten von *Dendrobium nobile*, die normalerweise dicht an dicht an einem verholzten Stängel sitzen und kaum Platz für ein paar horizontal abstehende Blätter lassen.

Rosie Sanders hat die gleiche Art gewählt, aber sie zeigt ein Exemplar mit wenig Blüten und keinen Blättern. Ihr geht es ganz um den bambusartigen, fast hölzern wirkenden »Ast«, an dem die Blüten hängen. Diesmal spielen die Blüten für sie nur eine Nebenrolle.

Die Gattung *Dendrobium* verfügt über eine breite Palette von Farben. Ihr natürlicher Standort reicht vom Himalaya über Thailand, Japan, Australien, Neuseeland bis Sri Lanka. Als Epiphyten in den Baumkronen lebend, werden sie mit sehr variablen Klimabedingungen fertig. Mit über tausend Arten bilden sie eine der größten Gattungen der Orchideen.

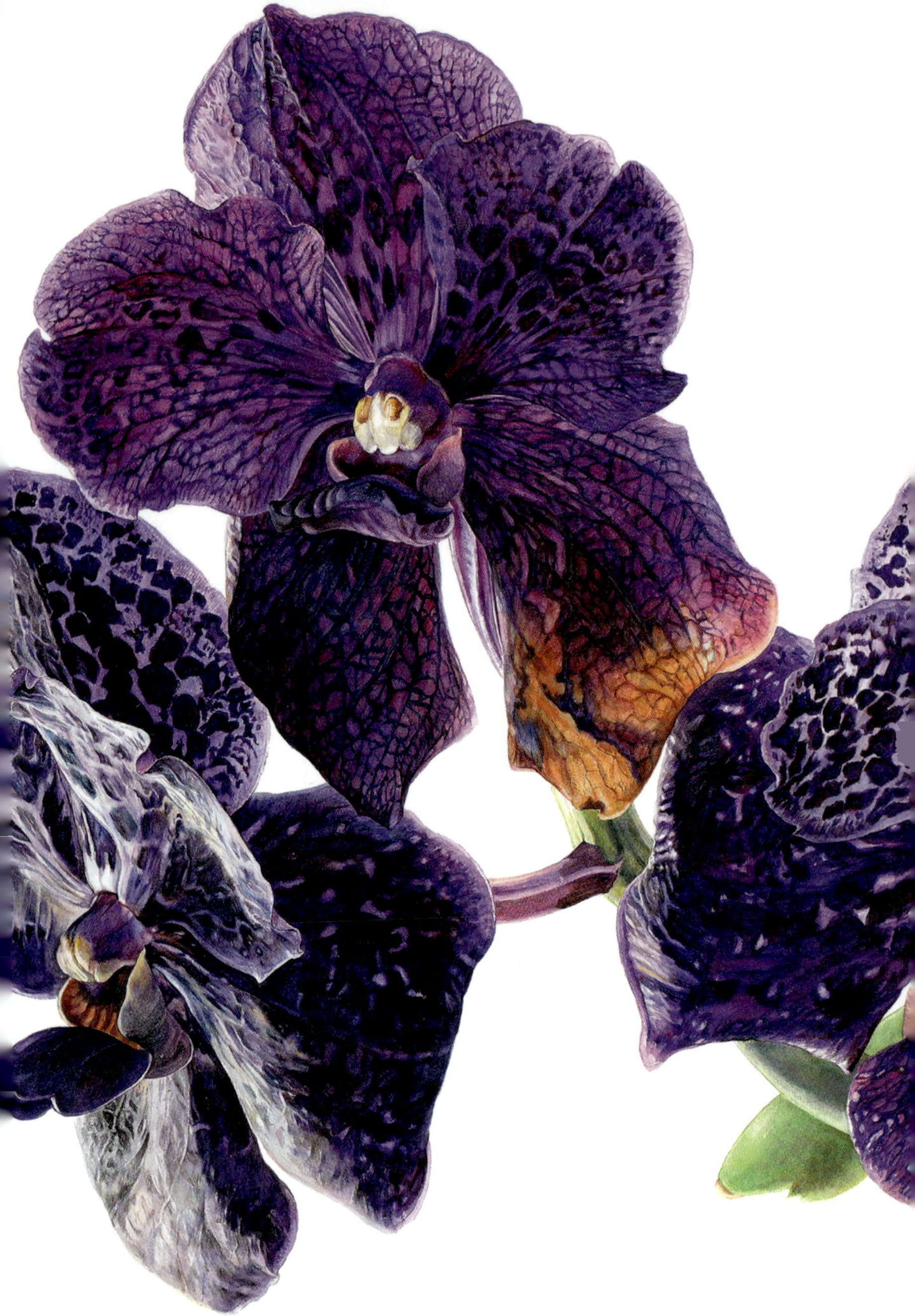

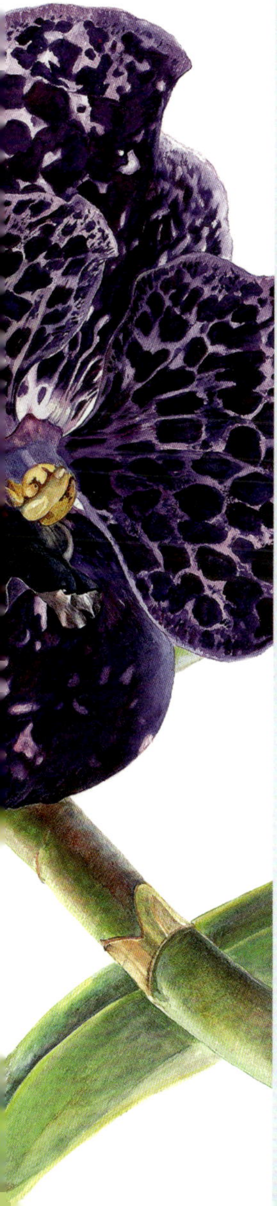

Aus luftigen Baumwipfeln: Vanda – die blaue Orchidee

Diese Orchidee gehört zu den monopodial wachsenden, die nur einen Trieb bilden, der einfach immer vorwärts wächst. Vanda lebt auf Baumkronen und bildet Luftwurzeln, die sich bei hoher Luftfeuchtigkeit oder Regen mit Wasser betanken. Die Wurzeln sind dann dick und durchschimmernd grün und schrumpfen bei längerem Wasserentzug zu vertrocknet wirkenden dürren Gebilden. Die lanzettlichen langen Blätter liegen paarweise auf einer Ebene. Auch Vandas kennen viele Farbvariationen, von Weiß über Violett bis zu einem nahezu klaren Blau.

Faszinierend an der Vanda sind das Blau – eine sehr seltene Farbe im Bereich der Orchideen – und die Musterung der Blüten, die in der Regel Ton in Ton ist und wie ein farbiges Netz den weißen Grund überzieht. Sie ähnelt etwas der Struktur der *Fritilaria meleagris*, der Schachblume. Das dunkle Netzwerk, das helle bis weiße Farbtöne umschließt, kommt der Aquarelltechnik von Rosie Sanders entgegen. Sie hat ein prächtig aufgebautes Exemplar gefunden. Zu den begehrtesten blauen Vandas gehört diese allerdings nicht; für den, der auch im Reich der Orchideen auf der Suche nach der blauen Blume ist, hat sie eindeutig zu viele Violetttöne.

Tiefer Einblick in den Frauenschuh

Würde man eine Umfrage machen nach der Orchidee, die jedermann kennt, würde zweifellos der Frauenschuh obsiegen. Die europäische Wildform *Cypripedium calceolus* zählt zu den prächtigsten botanischen Begegnungen, die wir auf Wanderungen haben können. Der tropische Frauenschuh *(Paphipedilum)* ist dagegen ein Symbol der Üppigkeit mit einer komplexen und meist auch sehr großen Blüte. Rosie Sanders begegnet dieser Opulenz mit dem für sie typischen Pragmatismus: Sie male praktisch nie gelbe Blumen, dieser Frauenschuh sei eine der raren Ausnahmen, und sie könne sich nicht helfen, das Innere der Pflanze sehe für sie aus wie ein Spiegelei. Aber mal abgesehen von den Eidotter-Reminiszenzen, begeistern sie die Muster und die komplexen Formen der Blüte. Und ebenso bezeichnend für sie: Die Erscheinung der Blüten mit dem großen Schlund kann auch recht finster oder unheimlich wirken! Der Frauenschuh als Orchidee, die im »Kleinen Horrorladen« stehen könnte, dem Musicalfilm von Frank Oz mit der gefräßigen Horrorpflanze im Blumenladen.

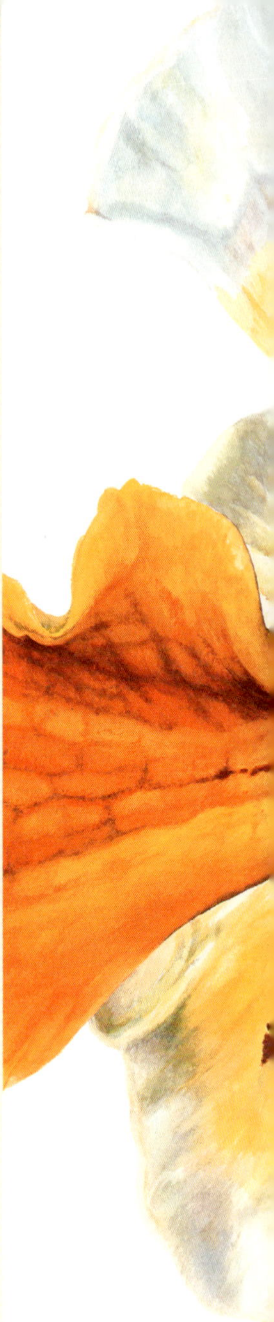

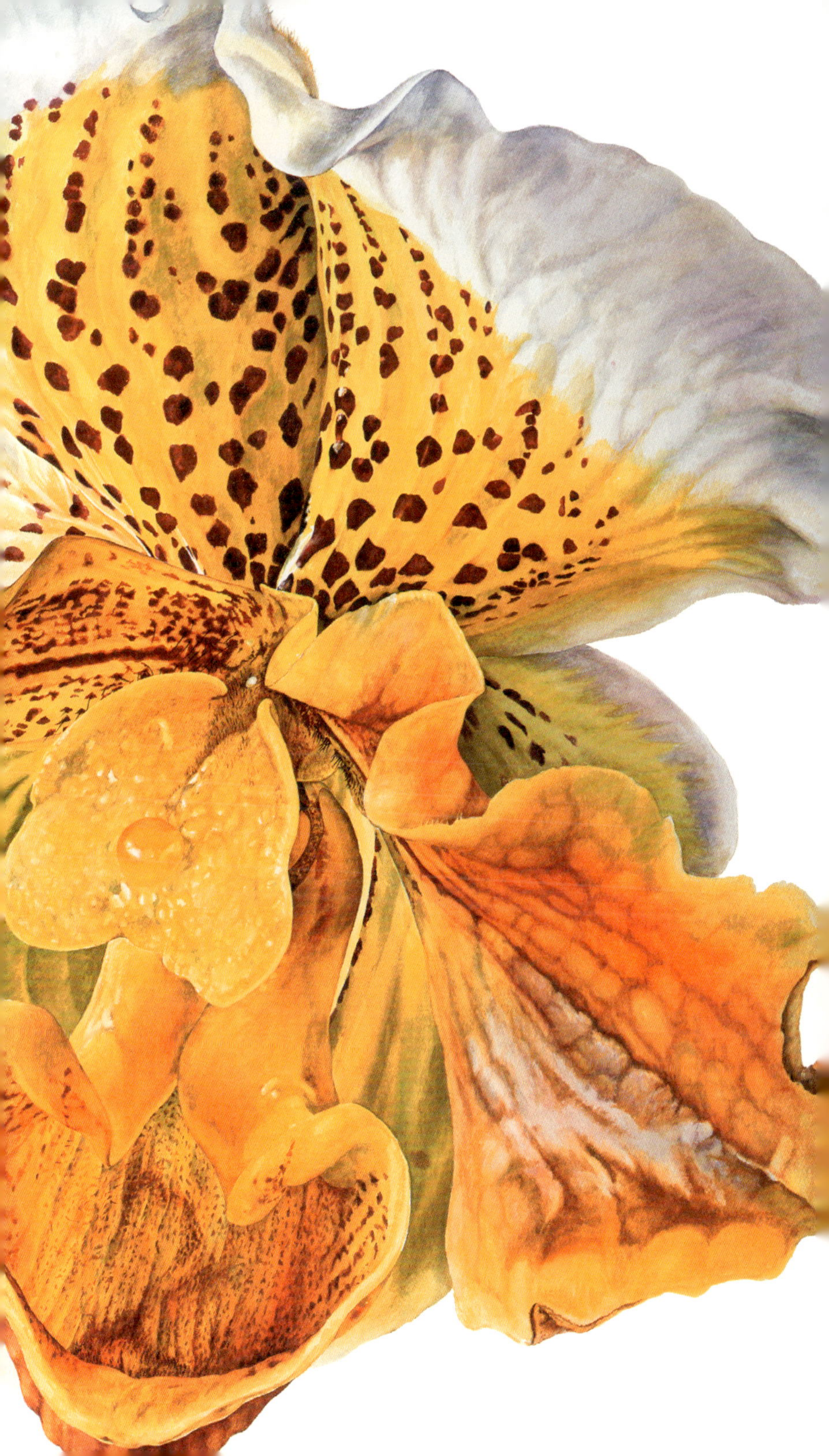

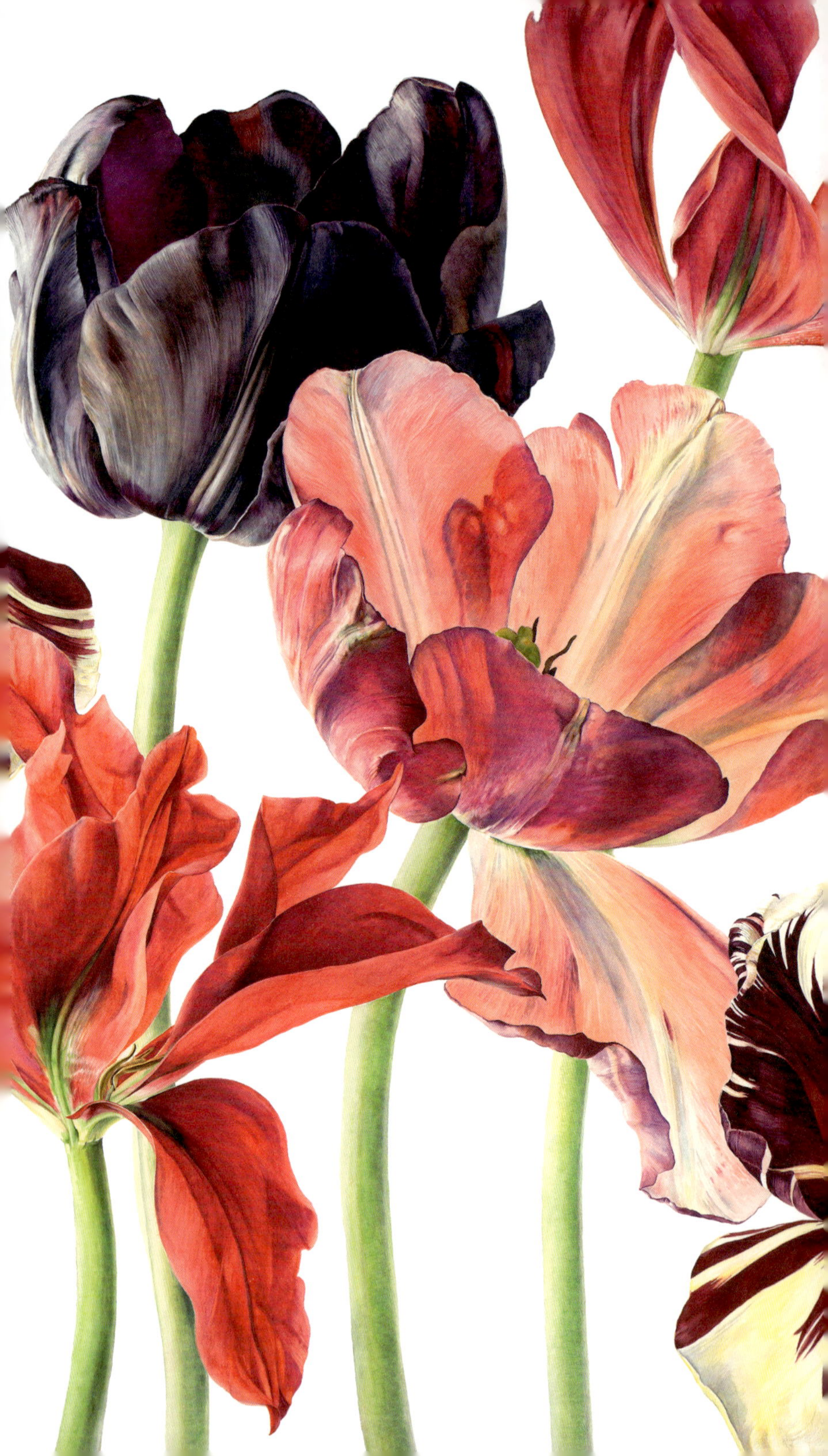

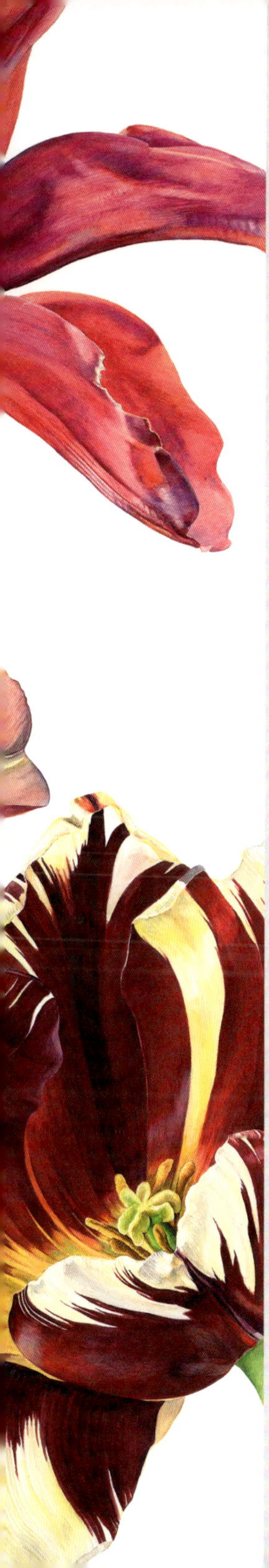

IV. Liliengewächse, die den Frühling einläuten

Was wäre der Frühling ohne die Zwiebelgewächse, die, kaum ist der Schnee getaut, die Wiesen und Beete mit bunten Farben füllen. Aus Zwiebeln, Knollen und Rhizomen sprießen die Blumen: Krokus, Frühlingszyklamen, Schneeglöckchen, Märzenbecher, Winterlinge, Traubenhyazinthen, Schneeglanz, Blausterne, Zwergiris, Bluebells *(Hyacinthoides)*, Schachbrettblumen, Hyazinthen, Narzissen, Osterglocken und Tulpen. Auch wenn der Frühling die Hauptsaison ist für die Zwiebelpflanzen, gibt es doch auch solche, die im Sommer und im Herbst erst in Erscheinung treten, wie die Dahlien, die Sternbergia, die Herbstzeitlosen und die Herbstkrokusse.

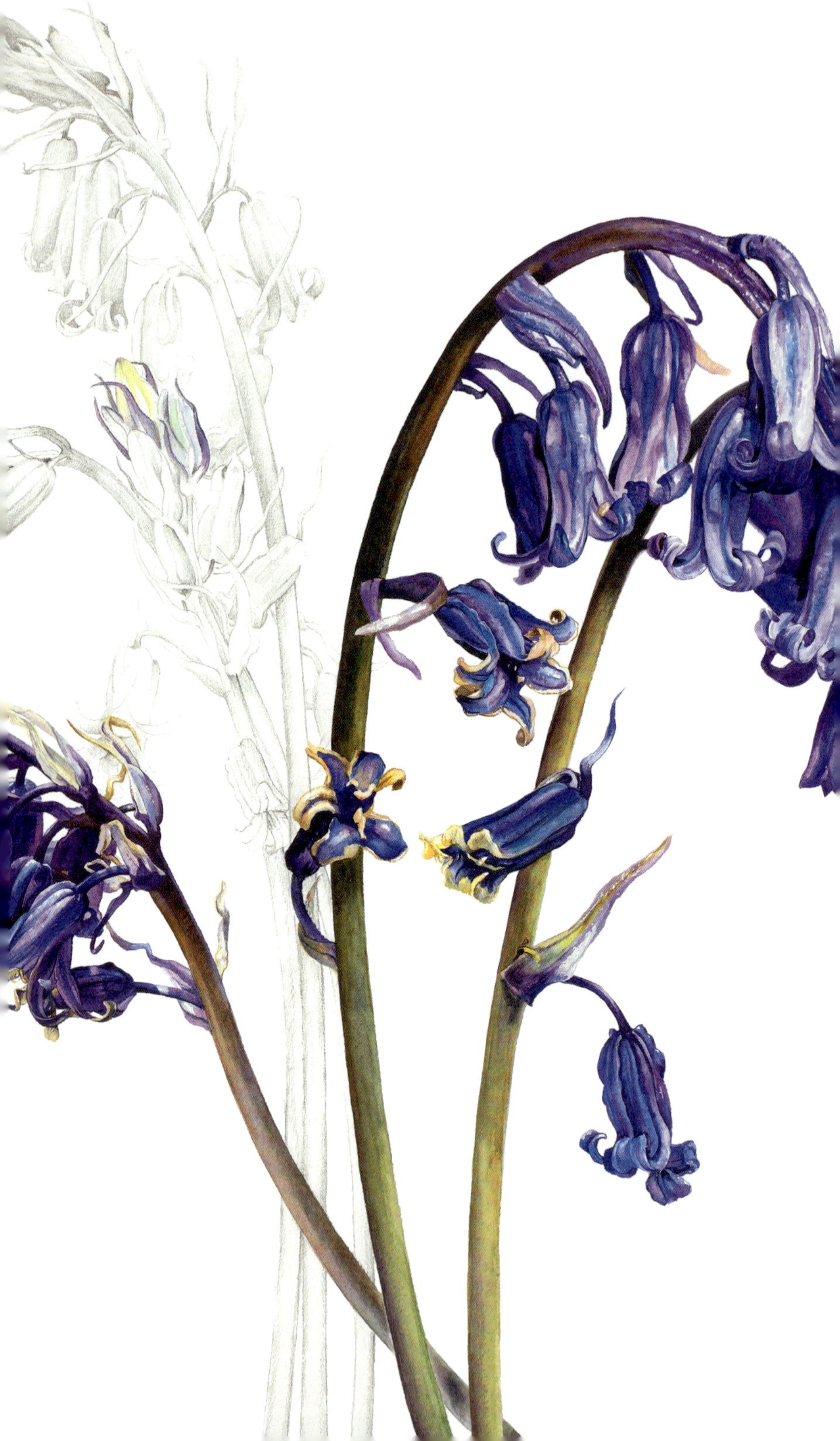

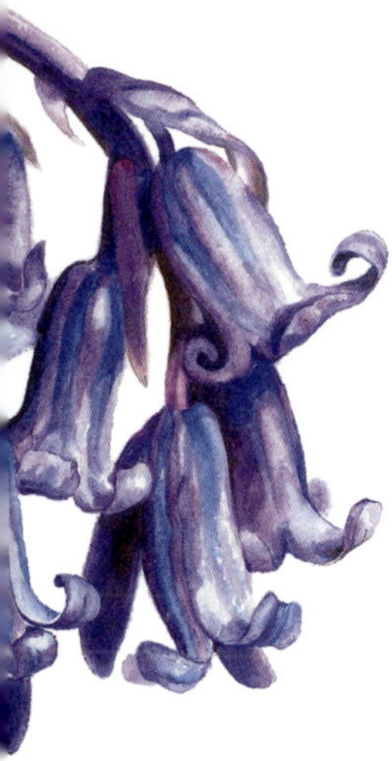

Die blauen Glocken der englischen Wälder

Was die Muguets, die Maiglöckchen, für die Franzosen, sind die Bluebells für die Engländer: teppichbildende, duftende Frühlingsboten in den Wäldern. Sie gehören zu den Spargelgewächsen und zur Unterfamilie der *Scilloideae* und tragen den merkwürdigen Namen *Hyacinthoides non-scripta.* »Hyacinthoides« heißt in etwa »wie eine Hyazinthe«: Die »wahren« Hyazinthen dagegen verdanken ihren Namen gemäß der griechischen Mythologie dem schönen Prinzen Hyazinth von Sparta, aus dessen Blut sie heraufwuchsen. Hyazinth war der Geliebte des Apollo, der ihn versehentlich beim Spiel mit dem Diskus tötete. Die *Hyacinthoides non-scripta* aber sind nicht beschrieben, sie zeugen von der reinen Freude eines prächtigen Frühlingstags in Wäldern und Wiesen derjenigen europäischen Länder, in denen Bluebells wachsen. Auf Deutsch heißen die *Hyacinthoides* Atlantisches Hasenglöckchen, und sie unterscheiden sich damit von den blassblauen spanischen Hasenglöckchen, die in Nordafrika und in Spanien bis zum Duero wachsen. Nördlich des Duero bis nach England und Deutschland sind es die Bluebells, welche die Wälder im Frühling blau färben.

Die kleinen Prinzessinnen der Grossen Kaiserkrone

Es gibt im Frühling kaum eine anrührendere Blume als die *Fritillaria meleagris*, die Schachblume. Sie kommt ganz verdreht aus der feuchten Wiese in einer merkwürdigen Arabeske, die man in der Kunstwissenschaft wohl manieriert nennen würde. Und dann plötzlich steht sie fast kerzengerade und lässt ihre weißen oder braunroten Glocken vom Frühlingswind durchschütteln. Ihre Blätter sind sehr schmal und bläulich grau, und die Blütenblätter haben eine schachbrettartige Musterung, die an orientalische Textilien oder keltische Ornamente erinnert.

Dabei gehören zur Gattung der *Fritillaria* durchaus auch üppigere, stattlichere Blumen. Die Bekannteste ist wohl die Kaiserkrone *(Fritillaria imperialis)*, eine hohe, lilienförmige Blume in Rot und Gelb mit einem Kranz von Blüten und einem Schopf, der über sie hinausragt. Die meisten Fritillarien sind indessen eher fragile Geschöpfe. Etwa die Schatten-Schachblume *(Fritillaria camtschatcensis)* mit dunklen, rotbraunen Glocken oder die *Fritillaria raddeana*. Beide haben sie einen Blütenschopf wie die Kaiserkrone. Zarte Blumen mit nur einer Glocke hat die Pyrenäen-Schachblume *(Fritillaria pyrenaica)* oder die Zarte Schachblume *(Fritillaria messanensis ssp. gracilis)*.

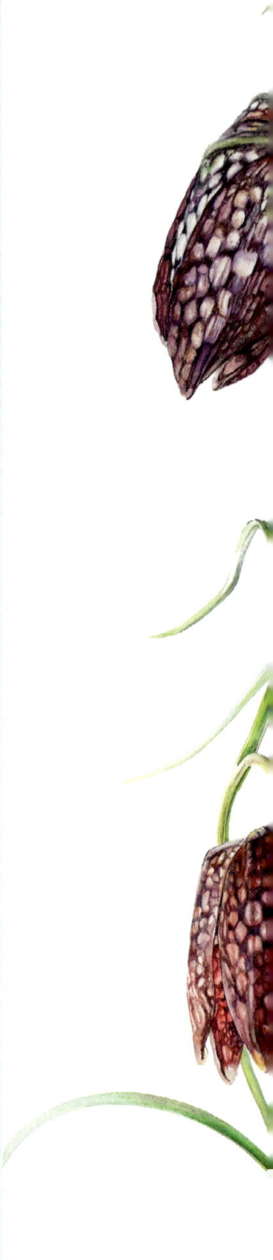

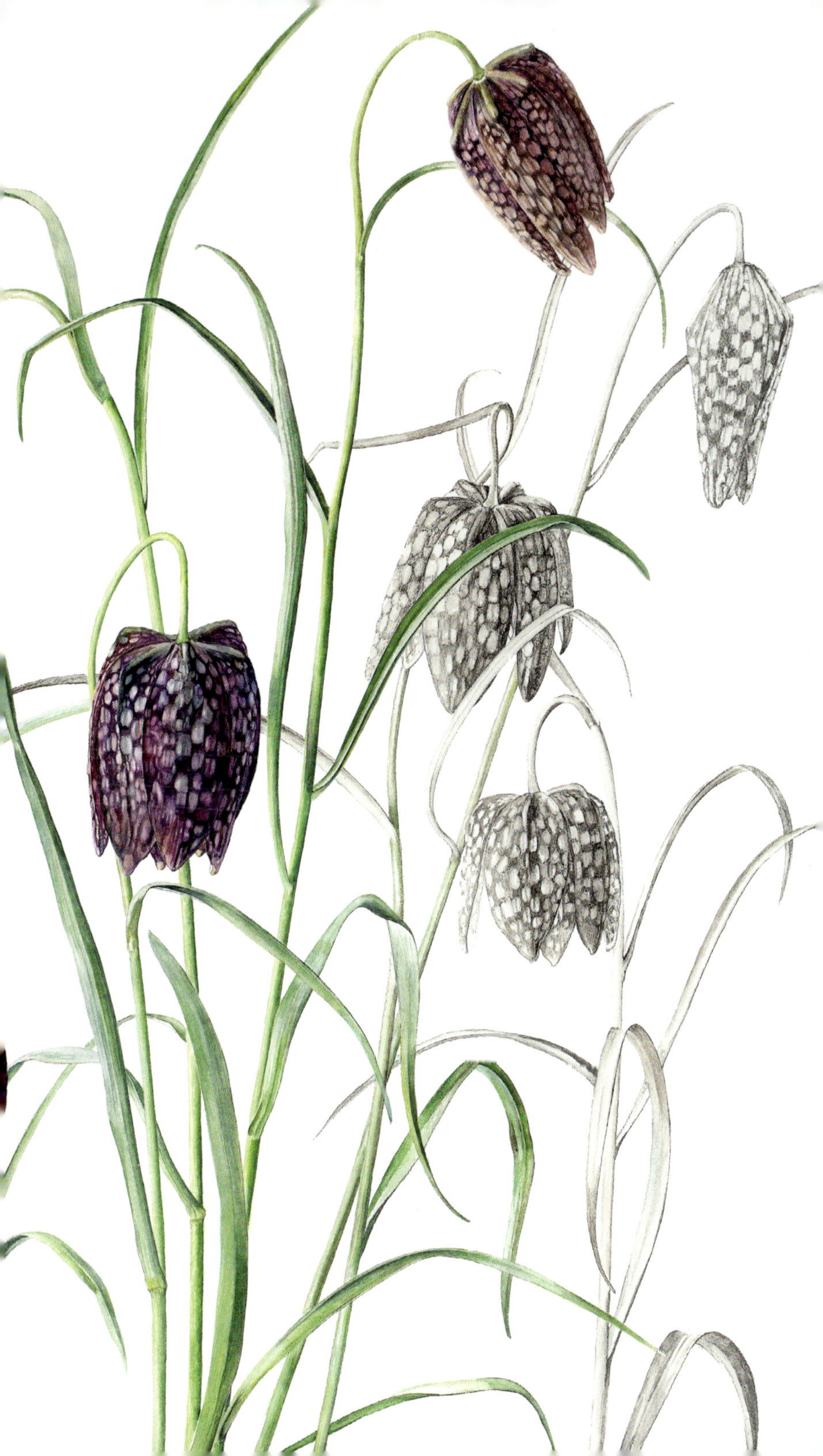

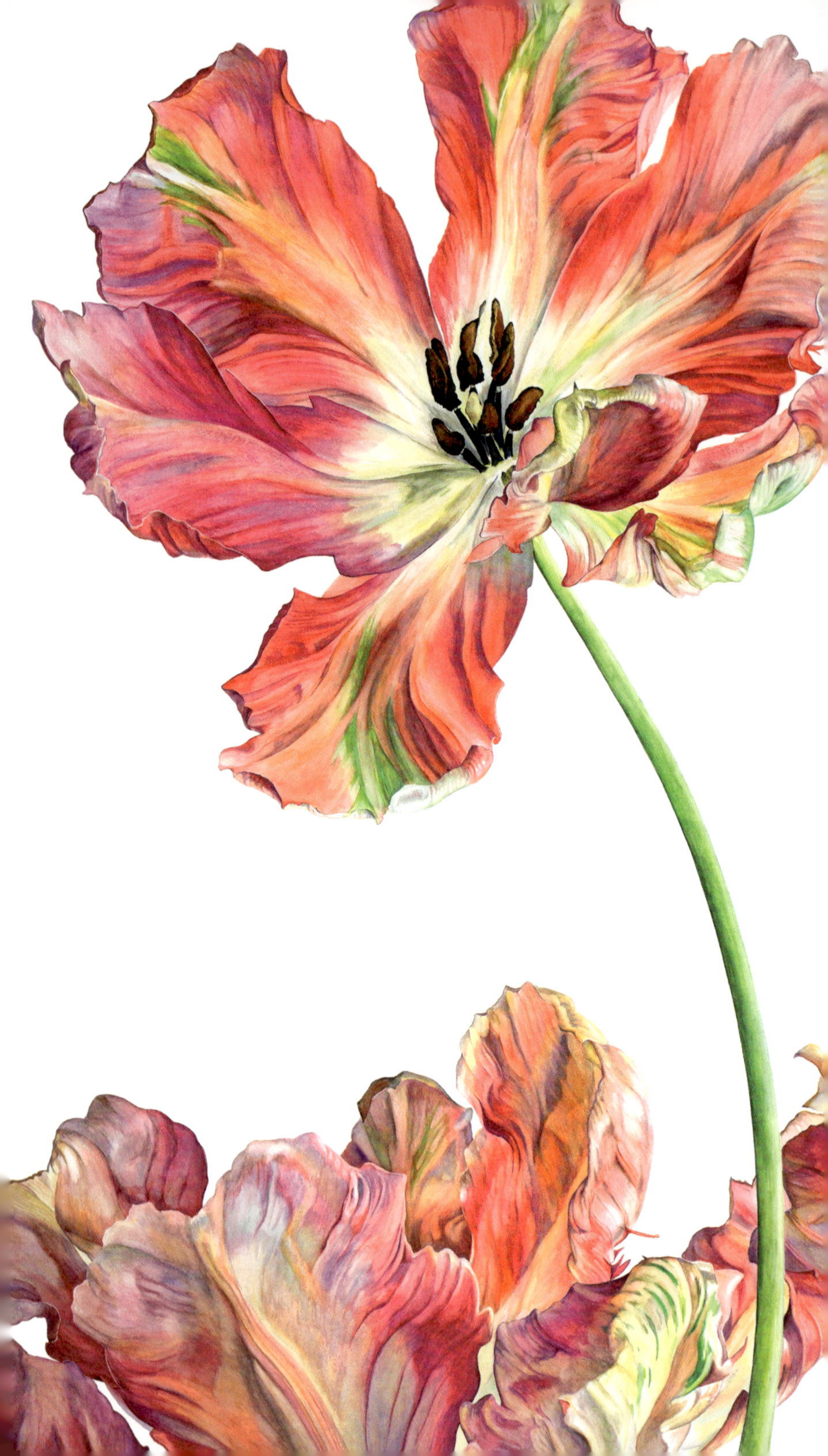

Lodern im Garten und an der Börse: die flammenden Tulpen

Rosie Sanders hat eine prächtige Serie von Papageientulpen gemalt unter dem Titel »Red Parrots«. Die Tulpen bilden eine Art Momentaufnahme eines Balletts: Die Ersten richten sich auf, und die Folgenden wenden sich den schon weit aufgeblühten zu, während sich die Tulpe rechts im Bild mit ihrem schweren Blütenkopf schon der Schwerkraft hinzugeben scheint.
Das ist meisterlich gemacht, wird aber noch übertroffen von den Einzelporträts der rot-gelben Papageientulpen. Diese heißen nicht zu Unrecht auch Flammentulpe, denn sie sind tief geschlitzt und ausgefranst, und ihre rot-gelbe Flammenfärbung erfasst die ganze Blüte. Die verschiedenfarbigen Tulpen werden auch Rembrandt-Tulpen genannt, nach dem gleichnamigen holländischen Maler. Es erstaunt daher auch nicht, dass uns das ins Land der Tulpen schlechthin, in die Niederlande führt: Die Tulpen sind vorderasiatischen Ursprungs, insbesondere stammen viele Naturformen aus der Türkei, und ihr Name »Tulipan« geht auf den »Tülbent«, eine alte, turbanähnliche Kopfbedeckung, zurück.
Das Tulpenfieber im Holland des 17. Jahrhunderts löste die erste Spekulationsblase der Wirtschaftsgeschichte aus.

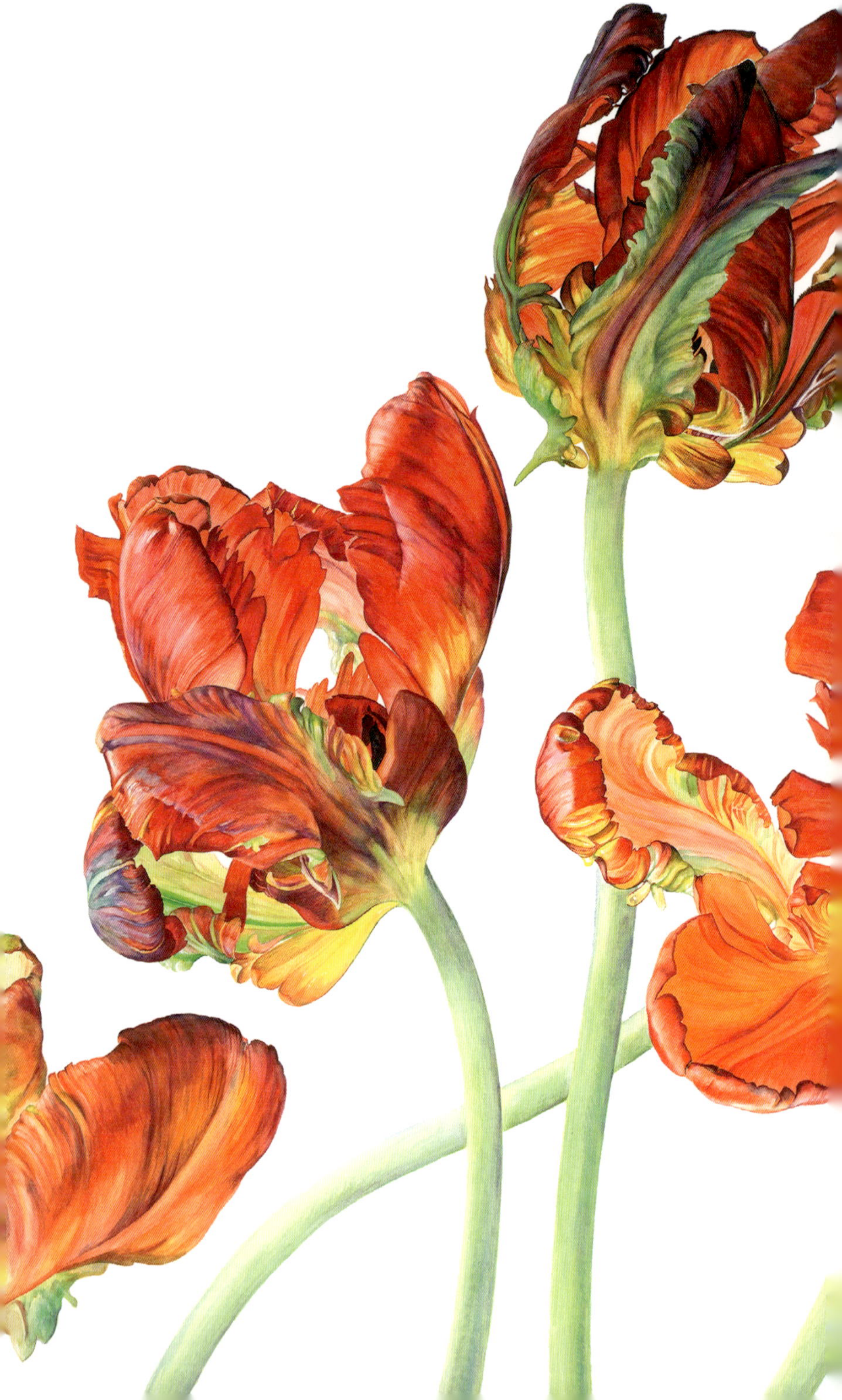

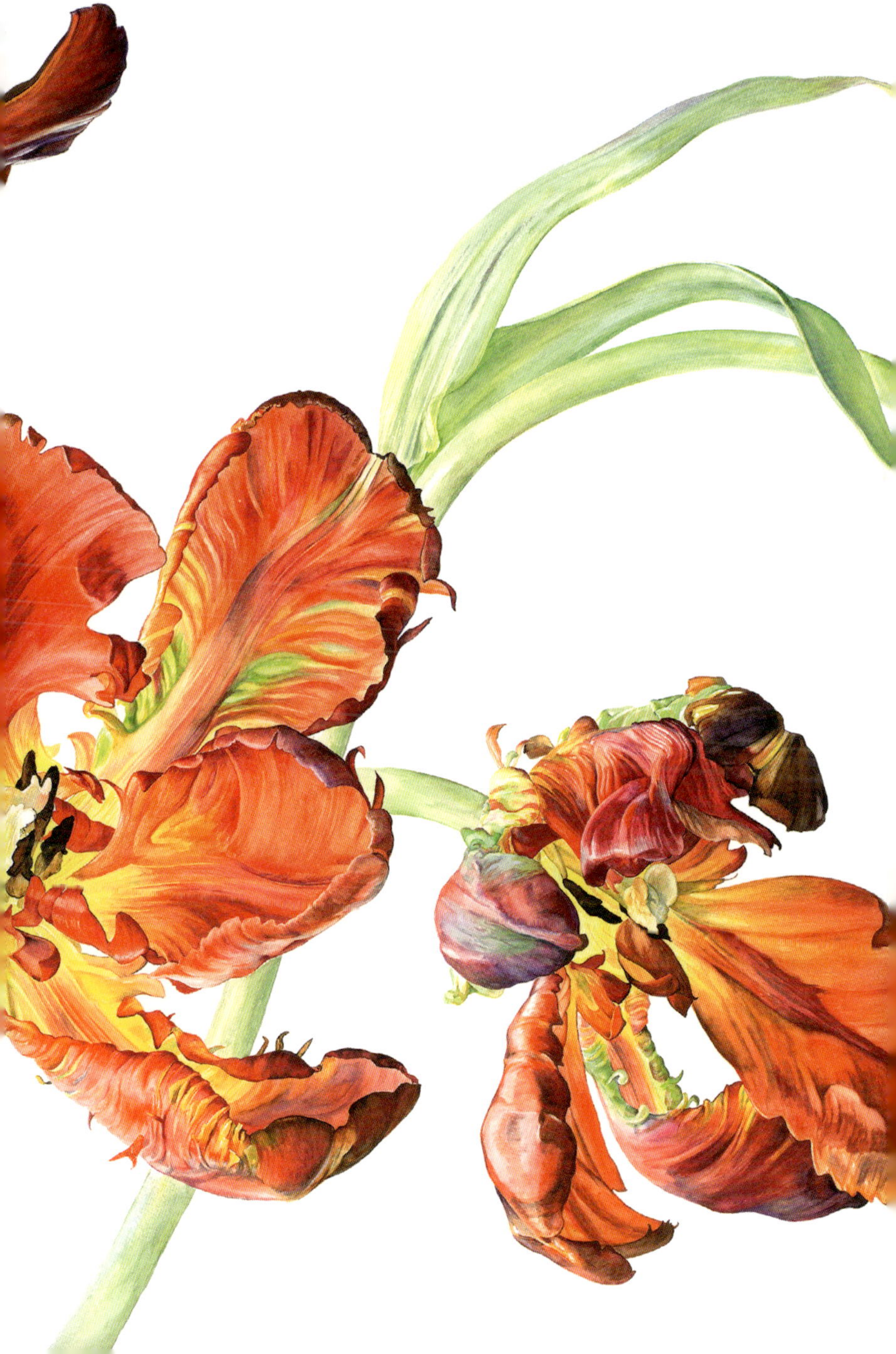

Die Suche nach der »schwarzen« Tulpe

Rosies Vorliebe für die dunklen Farben ist auch bei den Tulpen sehr ausgeprägt. Ihre Begeisterung gehört jenen, die wir in Ermangelung einer wirklich »schwarzen« Tulpe so bezeichnen – mindestens bis zu dem Tag, an dem eine noch dunklere Züchtung herauskommen wird. Schwarz bleibt das große Ziel!

Sie malt hier die Sorte ›Paul Scheerer‹, und stellt diesmal nicht das Spiel mit dem Transluziden in den Mittelpunkt, sondern hier wird der Glanz gefeiert, der sich auf den wächsernen Blättern der Tulpenblüten spiegelt, aber auch der Kontrast zwischen dem hellen Grün des Stils und des Stempels und den dunkelviolettschwarzen Petalen.

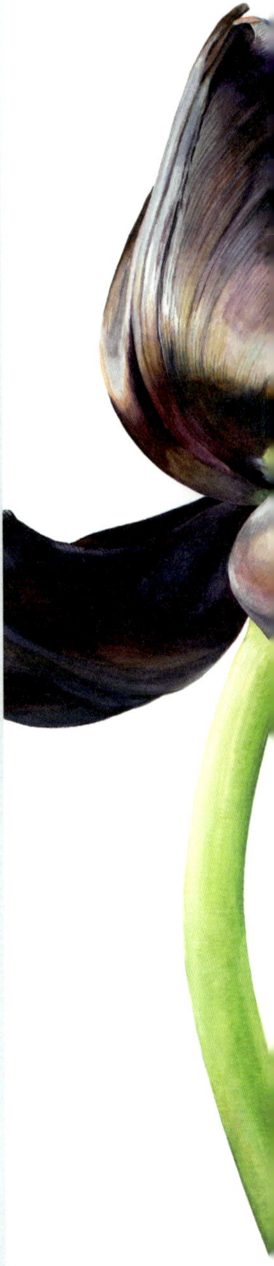

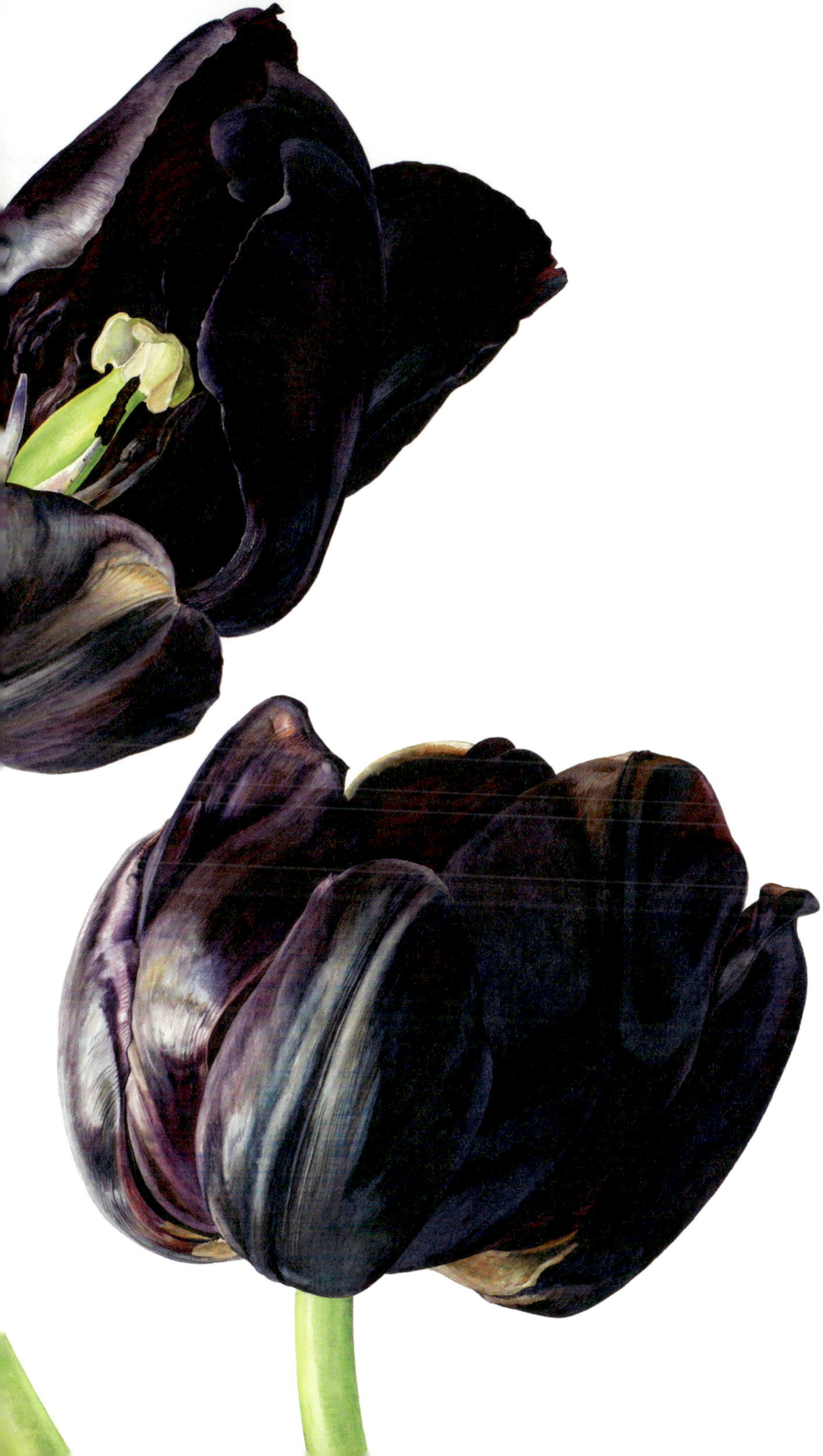

V. Spielarten der Belladonna

Die Amaryllis wirkt, wenn sie ihre Blüte entfaltet, ausgesprochen feminin: Wie ein generöser Rock öffnen sich die Blütenblätter, sie stülpen sich bald sogar etwas zurück, Platz lassend für die sich gleichermaßen elegant herauswindenden Staubblätter und den langen Stempel mit der Narbe.

Im engeren Sinne wird der Name Amaryllis botanisch eigentlich der *Amaryllis belladonna* vorbehalten, der Belladonnalilie aus Südafrika. Wenn wir die bei uns – vor allem um die Weihnachtszeit – gängigen Amaryllis botanisch richtig einordnen wollen, müssen wir in der Familie der Amaryllisgewächse an anderem Orte suchen. Diese gehört im Bereich der Monokotyledonen (Einkeimblättrigen) zur Ordnung der Spargelartigen, und die neuere Genetik hat nun auch die Agapanthusgewächse und die Lauchgewächse der Amaryllisfamilie zugeordnet. Die Gattung, unter der wir die uns vertrauten Amaryllis finden, heißt eigentlich Rittersterne oder Hippeastrum. Eine Entscheidung der Botaniker, um den sich die Gärtner und Blumenhändler natürlich nicht einen Deut scheren, denn der Name Amaryllis ist viel schöner.

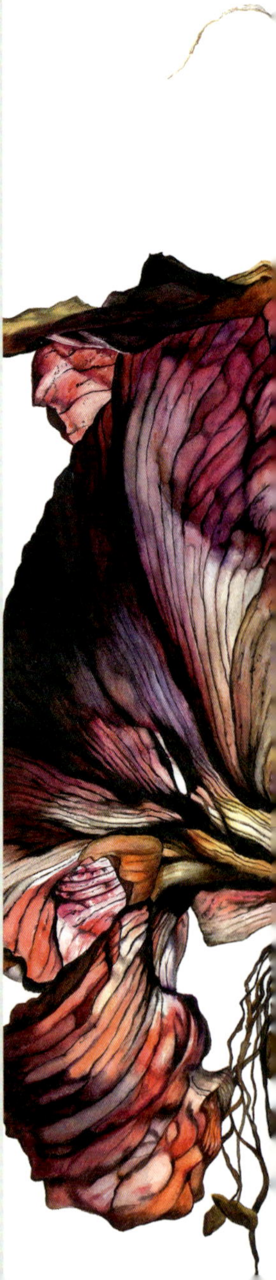

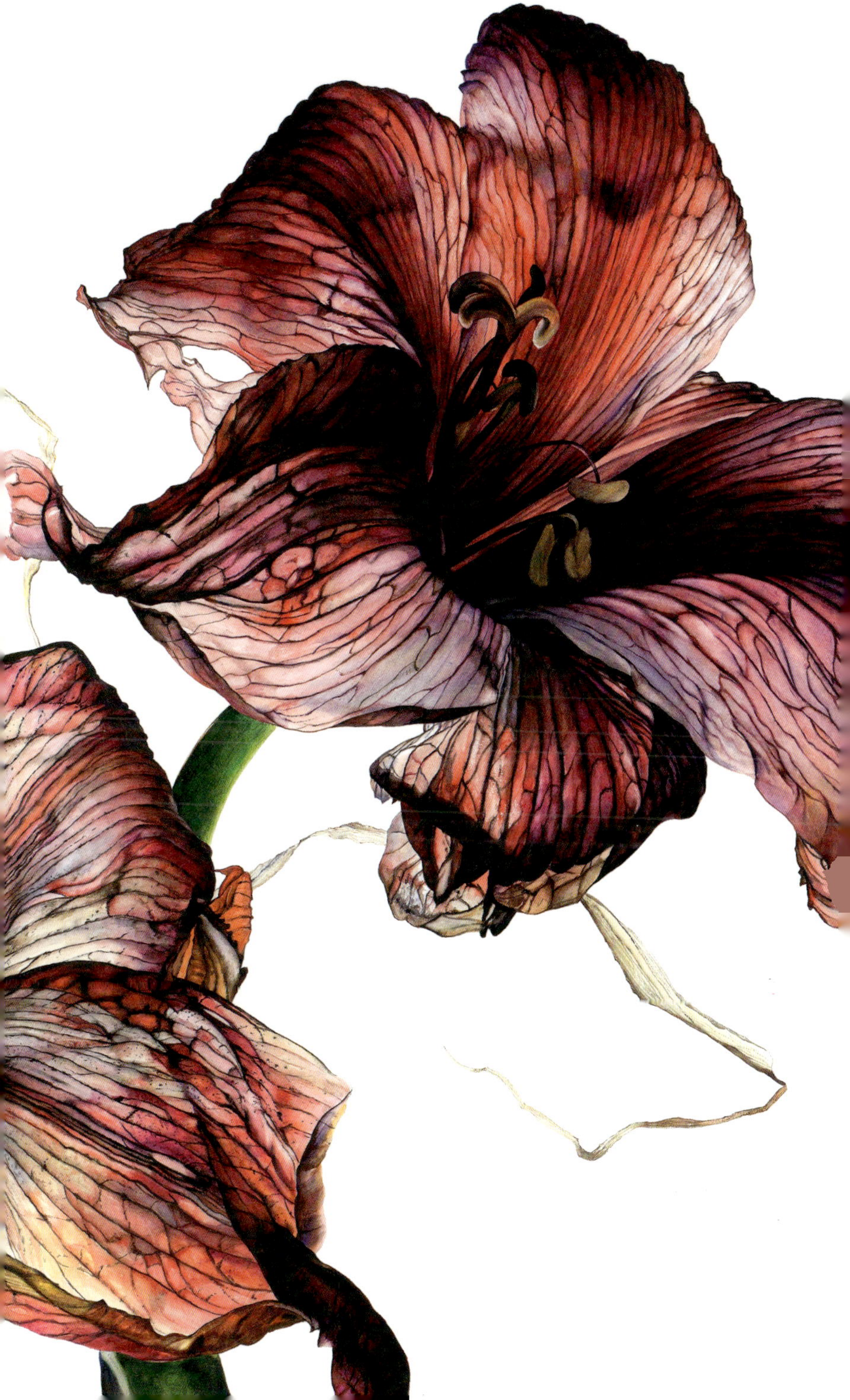

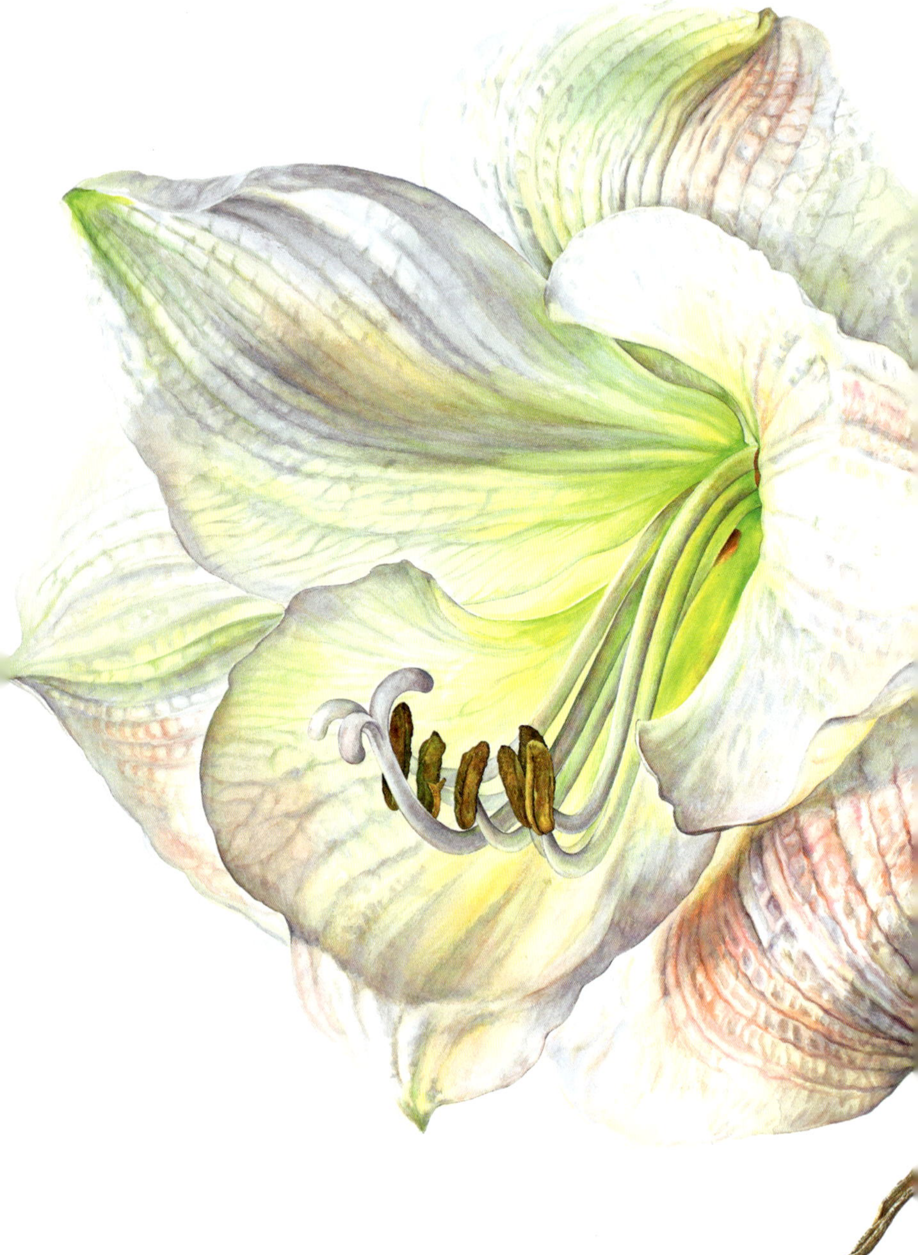

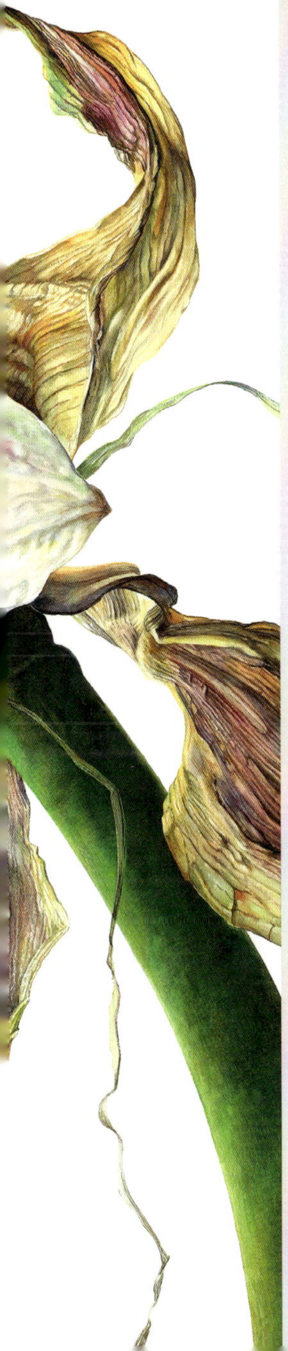

Amaryllis ›Apple Blossom‹

Rosie Sanders ist eindeutig vernarrt in die großen, üppigen Blüten der Amaryllis. Die allererste, die sie malte, ist eine der großartigen holländischen Hybriden, die Amaryllis ›Apple Blossom‹. Sie hat auch – so viel sei vorweggenommen – unglaublich intensivrote bis dunkelrote Amaryllis gemalt, aber begonnen hat sie mit der, die an die Farbe von Apfelblüten erinnert. Auch hier hat sie die dunkelste Spielart dieser Sorte gewählt. Vor allem aber zeigt sie die Blüten mit ihren Massen von Blütenblättern auch von hinten, weil sie sie von der Rückseite her eben viel interessanter fand als von vorne. Denn hier sieht man die starken dunkelgrünen Stängel, die das ganze Blütengebilde tragen, und den Übergang zu den Einzelblüten, der noch akzentuiert wird durch die beiden herabhängenden Kelchblätter, die einst die Knospe schützten und nun wie durchsichtige zerknüllte Papiere wirken.

Die gleiche Sorte, ›Apple Blossom‹, hat Rosie Sanders in einer helleren Variante später noch einmal von vorne gemalt (folgende zwei Seiten). Es sei die hellste der Sorte, die sie je gesehen habe, fast weiß, erzählt sie. Ihr gefällt vor allem der zitronengrüne Ton im Schlund der Blüte und der zarte, rosafarbene Hauch auf den Blütenblättern.

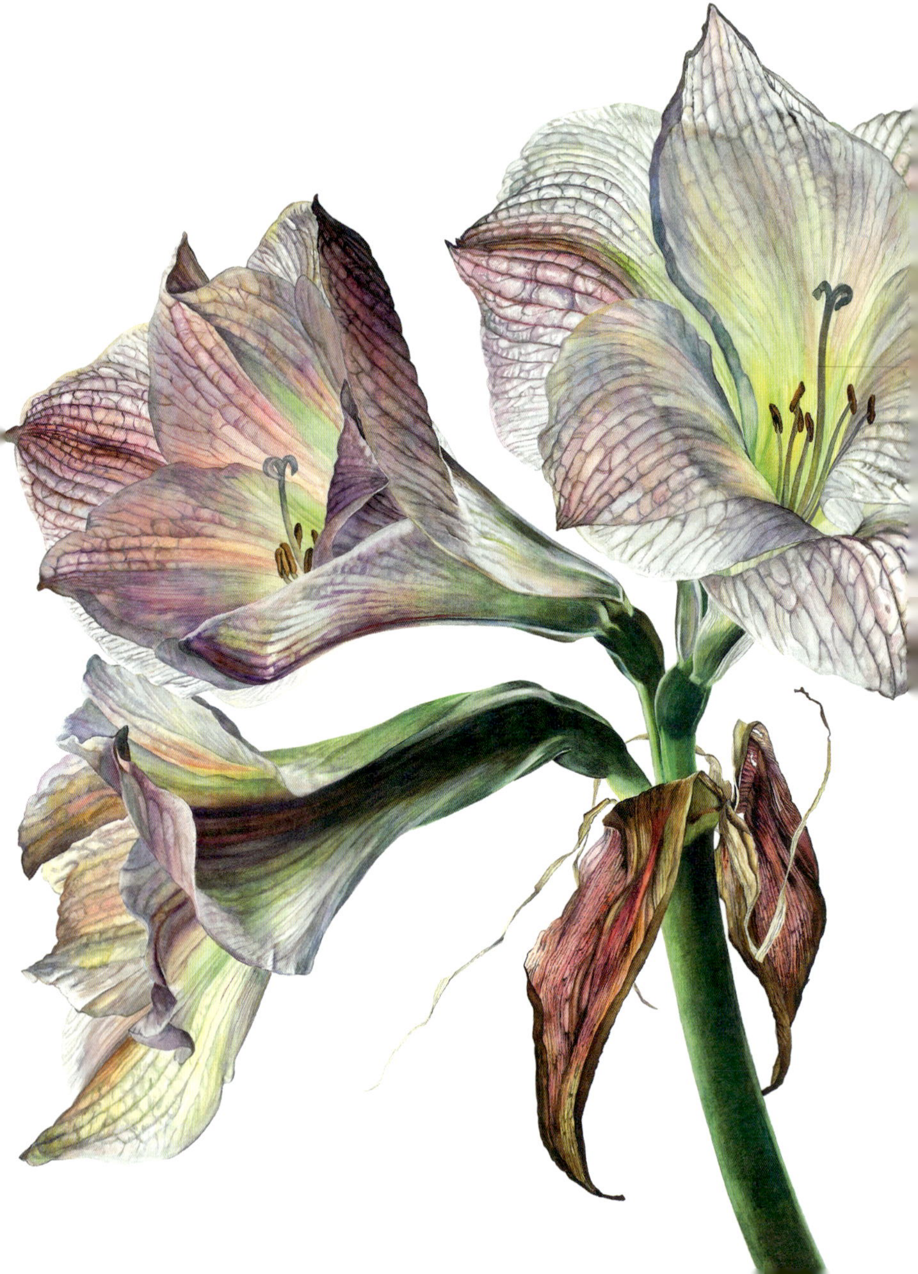

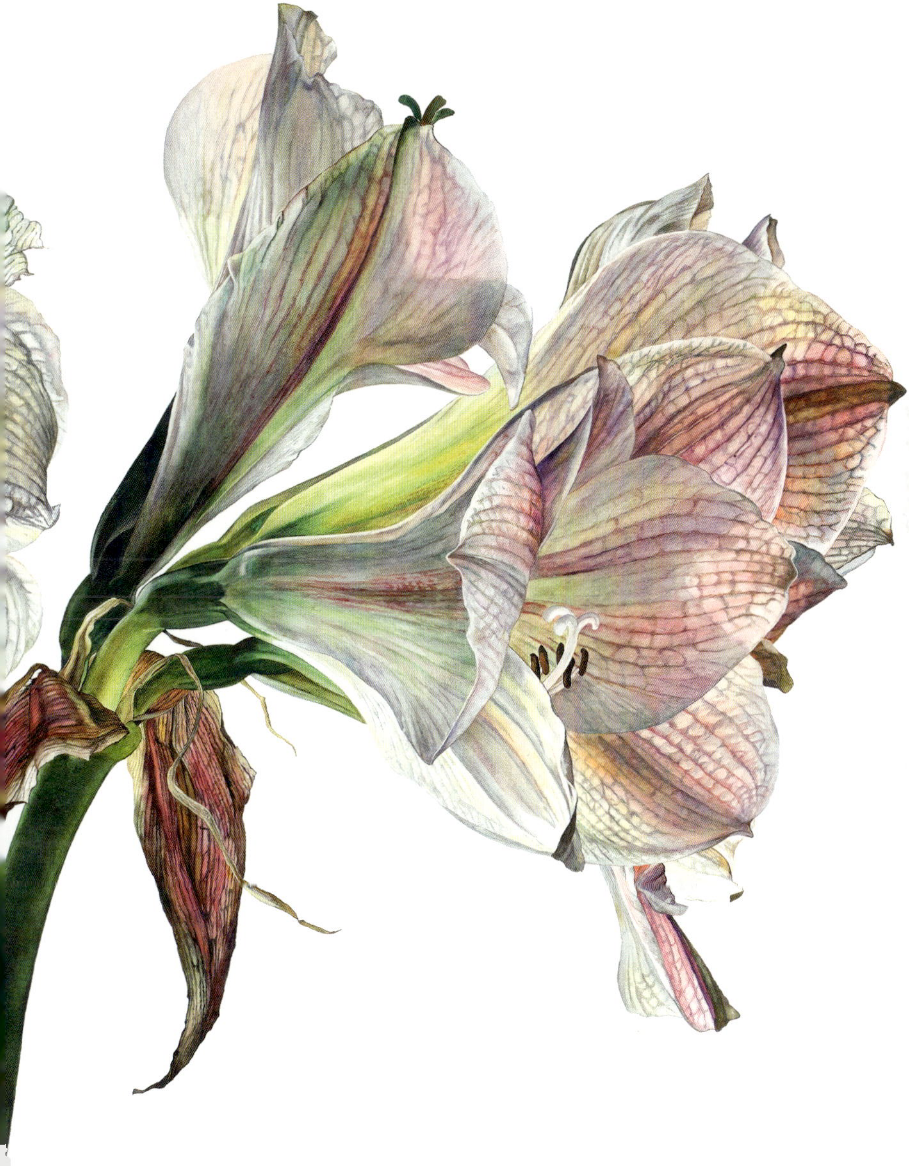

Farbigkeit und Eleganz

Bei der Amaryllis ›Fledermaus‹ zeigt Rosie Sanders wieder eine Ansicht von vorn und eine von hinten. Diese Sorte erinnert etwas an ›Rembrandt‹ – vor allem wegen der diversen Farben –, sie hat aber die schmaleren, eleganteren Blütenblätter.

Über ihrer Arbeit und der vielseitigen Auseinandersetzung mit der Amaryllis wandelte sich Rosie Sanders' erster Eindruck von dieser Blume. Heute billigt sie den Amaryllen eine außergewöhnliche Statur und Großartigkeit zu. Das Aquarell der ›Fledermaus‹ findet sie besonders gelungen wegen der packpapierbraunen Kelchblätter und der dünnen Fäden, die dem Bild so viel Bewegung verleihen.

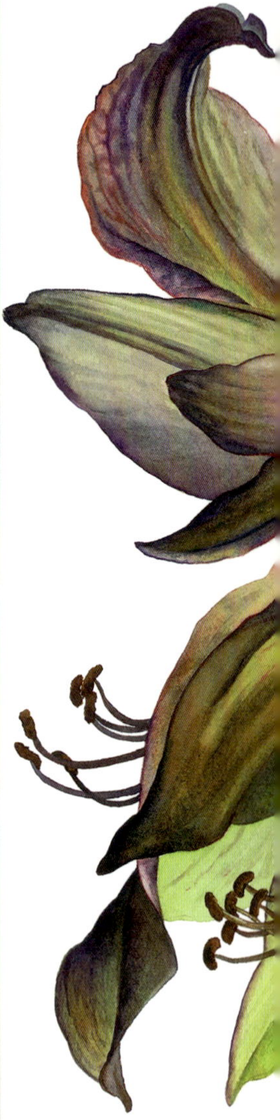

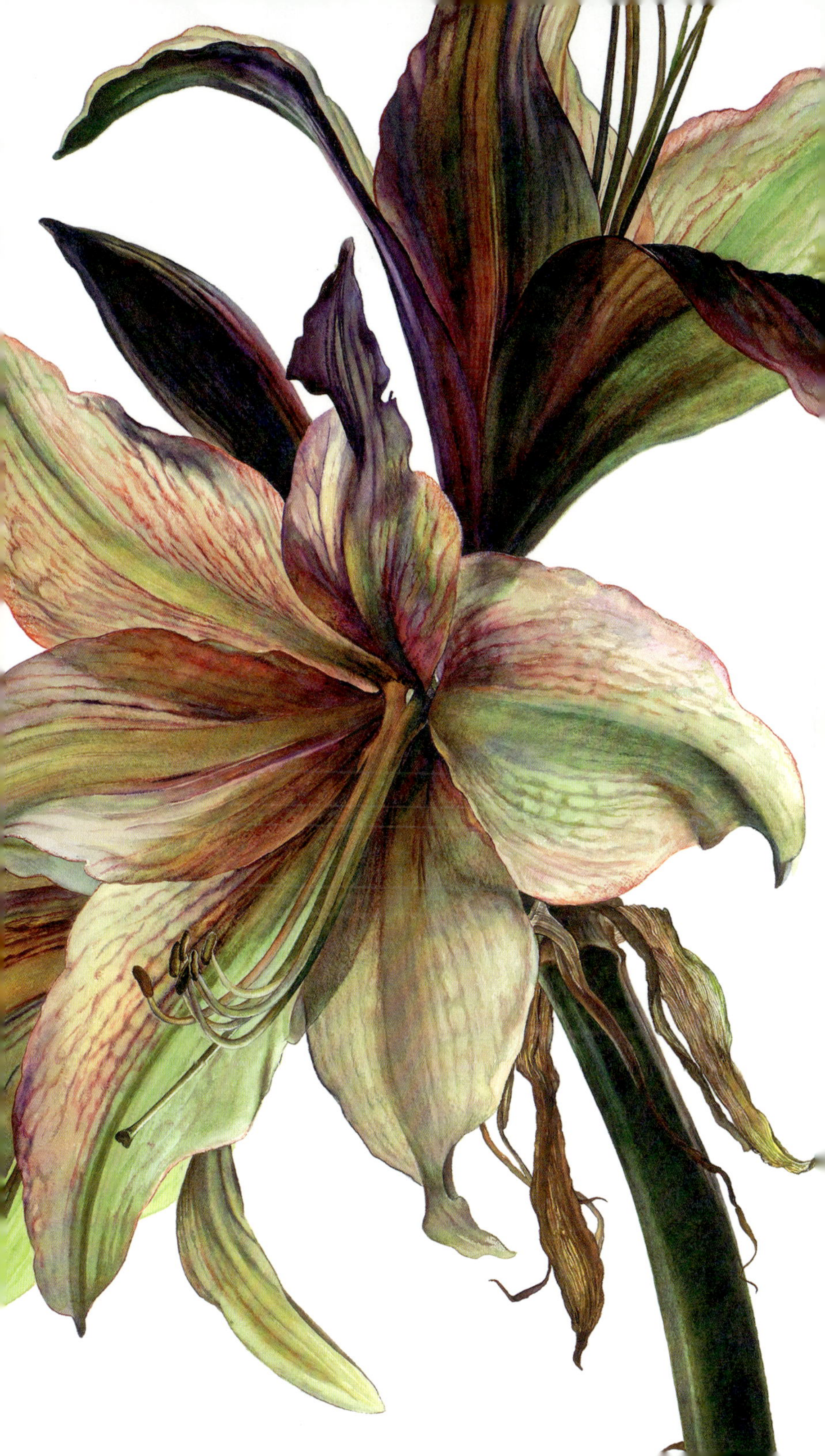

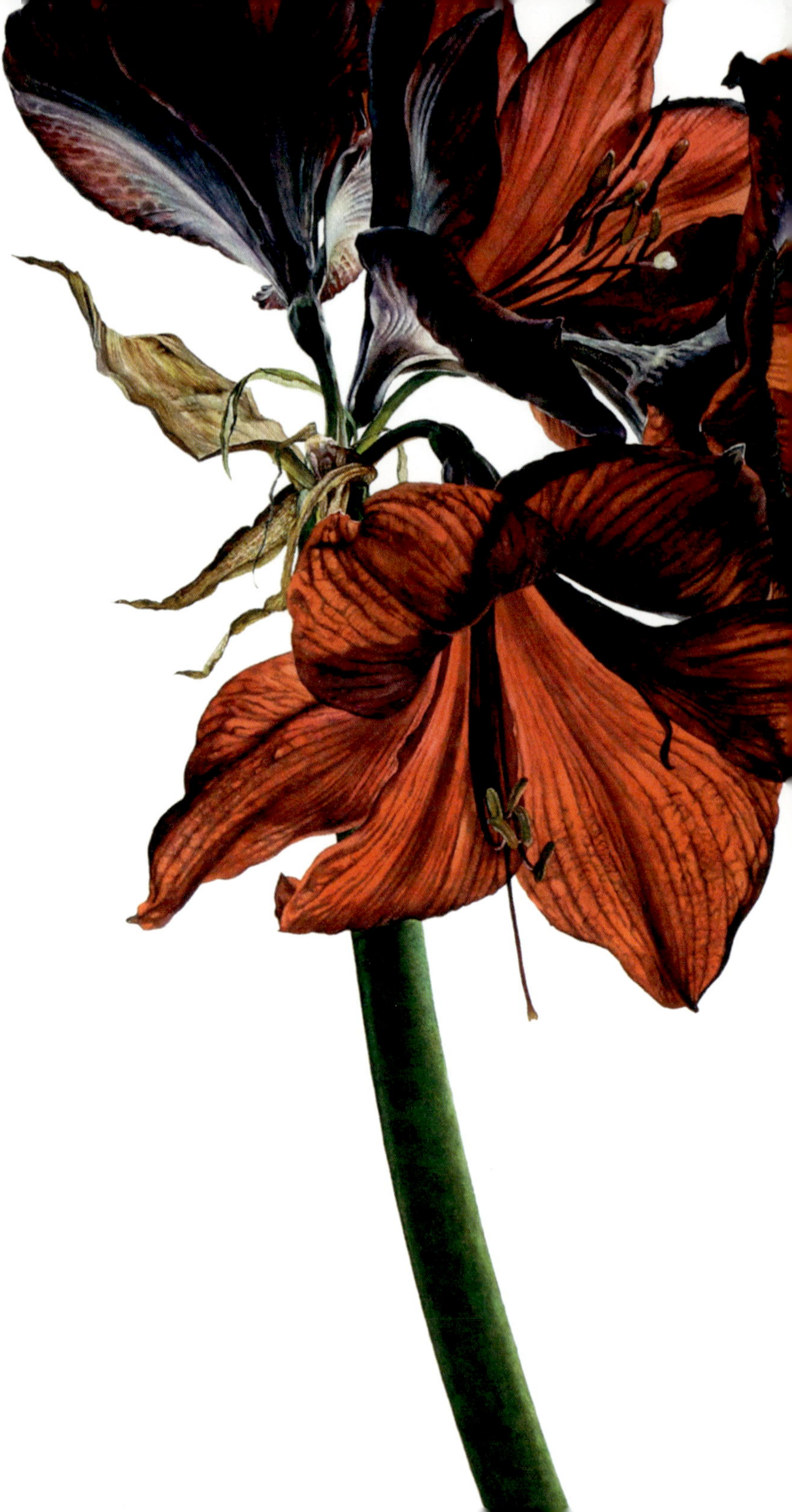

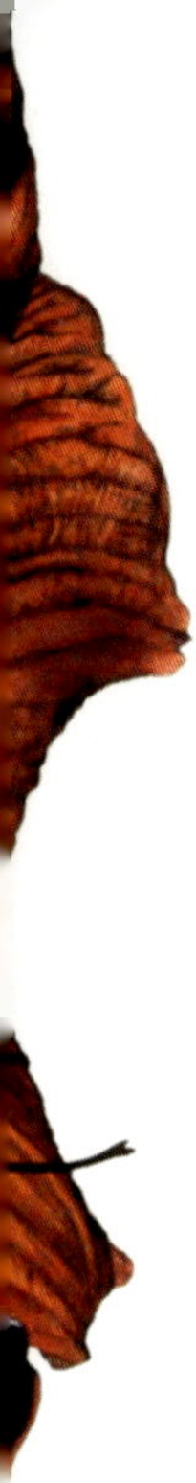

Rottöne in Hülle und Fülle

Was Rosie Sanders mit der Vielfalt der Formen der Blütenblätter meint, zeigt etwa ihr Bild der Amaryllis ›Rinola‹, die breit ausladende Blütenblätter hat, die mit ihren wie mit einem Lippenstift nachgezeichneten roten Rändern sehr dekorativ aussehen.

Zwei Blütenstände hat sie auch von der tiefroten Sorte ›Royal Velvet‹ gemalt. Hier setzt sie wieder ganz auf das diaphane Licht, das das Rot wunderbar aufleuchten lässt, aber auch die Schatten der dahinterliegenden Blütenblätter deutlich macht, sodass man wirklich das Gefühl hat, man sehe durch die durchleuchtete Blume hindurch. Vor dem dunklen Hintergrund kommen die gelben Staubgefäße der Amaryllis umso besser zur Geltung.

Auch bei den Amaryllen hält Rosie Sanders nach den dunklen Blüten Ausschau. Einmal fand sie kurz vor Weihnachten in ihrem Blumenladen die dunkelste Amaryllis, die sie je sah. Aber wegen der Festtage kam sie nicht dazu, das Bild rechtzeitig fertig zu malen. Sie versuchte, im Blumenladen neue Amaryllis der gleichen Art zu kaufen, aber sie waren bei Weitem nicht so dunkel wie die, die nun schon Anzeichen des Verblühens zeigten. Spontan entschloss sie sich, diese so, wie sie waren, zu malen, mit allen Merkmalen und Makeln des Welkens (S. 94/95).

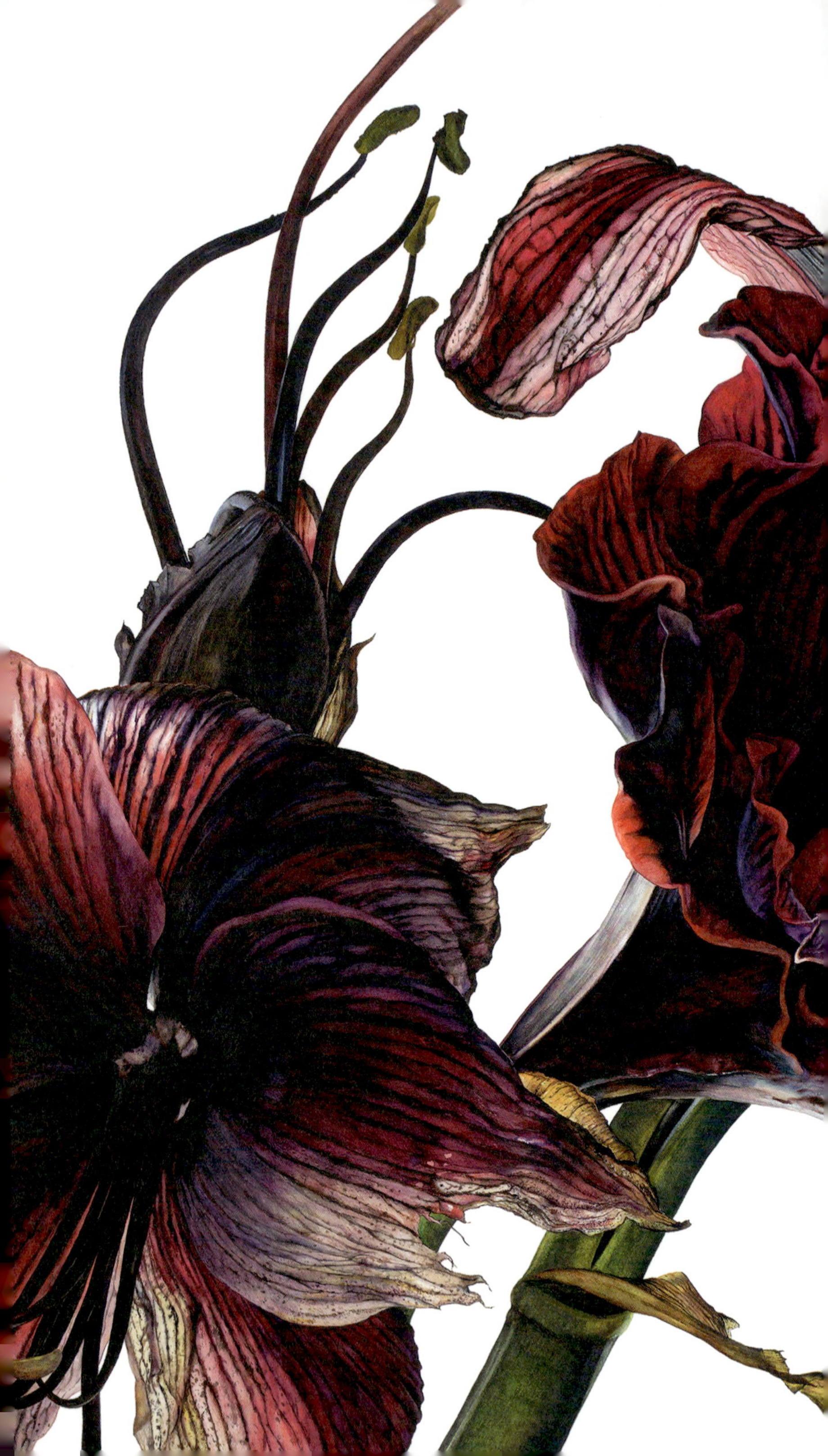

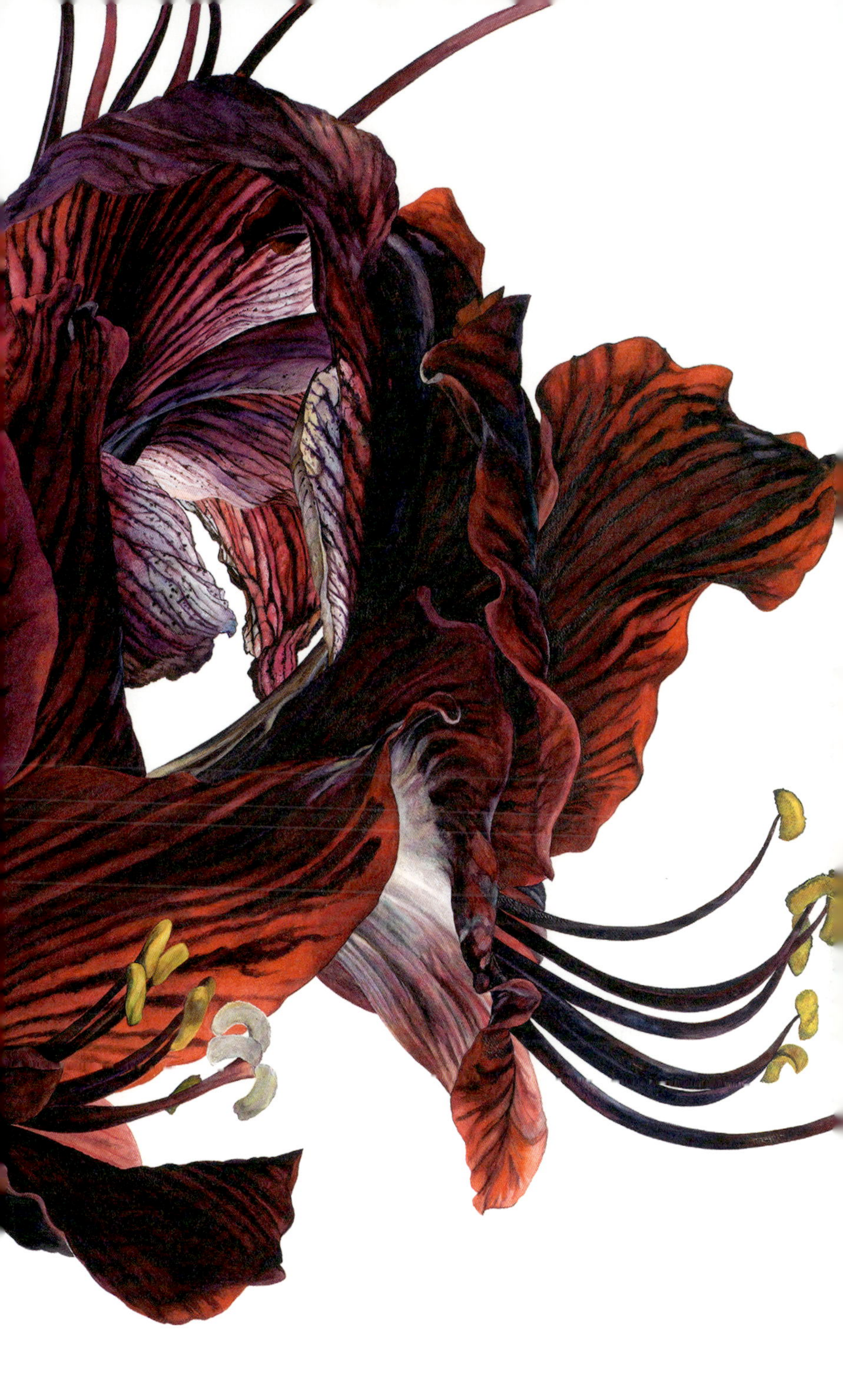

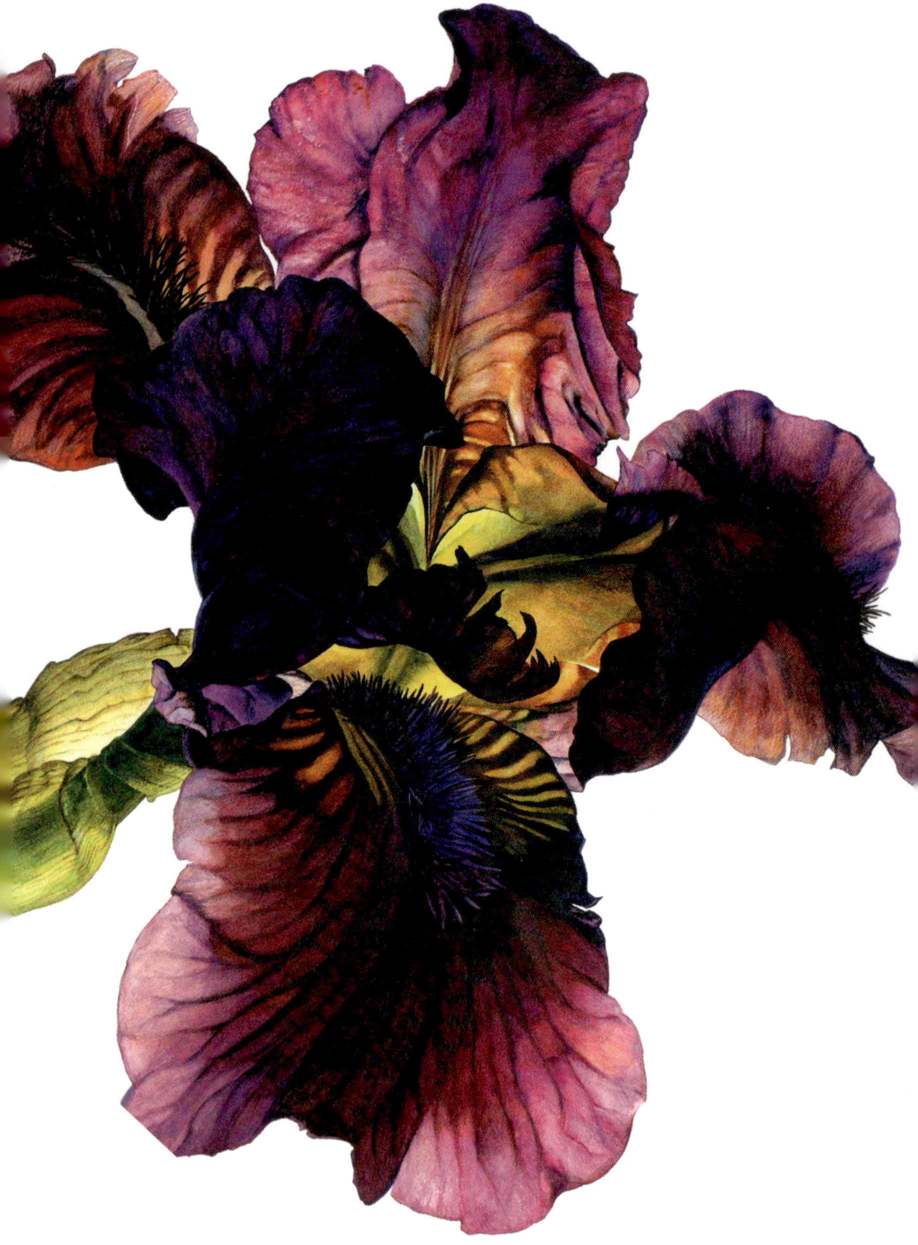

VI. Die Suche nach der Schwarzen Iris

Die Schwertlilien (Iris) bilden eine große Pflanzengruppe in der Ordnung der Spargelartigen. Glaubte man einst, der Spargel sei eine Lilie unter den Liliengewächsen, so ist das heute durch die Turbulenzen der Systematik umgekehrt. Die Schwertliliengewächse sind eine Familie unter den Spargelartigen *(Asparagales)*. Alle Iris gehören einer einzigen Gattung an: die ganz kleinen Zwergiris, die großen, eleganten Iris, die man im Blumenladen kauft, die Sumpfiris und auch die Schwertlilien, die lieber trockenen, oft felsigen Grund mögen. In Europa kennen wir als heimische Sorten die gelbe Sumpf-Schwertlilie *(Iris pseudacorus)* und die blaue Sibirische Schwertlilie *(Iris sibirica)*. Ebenfalls wild oder verwildert finden wir die deutsche Schwertlilie *(Iris germanica)*. Diese kräftig blau blühende Iris ist eigentlich aber schon eine Hybridform. Man vermutet, dass sie aus einer Kreuzung der südeuropäischen gelblichen Schwertlilie *(Iris lutescens)* und einer kleinasiatischen Schwertlilie entstanden sein könnte. In großen Teilen des nördlichen Mittelmeergebiets findet sich die kleine *Iris lutescens*.

Östlich der Adria wächst die Bleiche Schwertlilie *(Iris pallida)* oder Dalmatinische Iris mit einer zartlilablauen Blüte. *Iris pallida* wird als eine Unterart der Iris germanica beschrieben und als Florentinische Schwertlilie (*Iris germanica* var. *Florentina*) bezeichnet. In Südosteuropa wächst die gelb blühende Bunte Schwertlilie *(Iris variegata)*.

Aus der Bleichen und der Bunten Schwertlilie und noch aus diversen anderen entstand schließlich die Bart-Iris. Man vermutet, dass solche Kreuzungen schon im Mittelalter vorgekommen sind. Ende des 19. Jahrhunderts kreuzte der englische Arzt Michael Foster bei Cambridge *Iris pallida* und *Iris variegata* mit asiatischen Arten und erreichte so stärkere Stängel und größere Blüten.

Im Wasser und im Beet: Sibirische Iris

Als eine der wild wachsenden Schwertlilien verzaubert die Sibirische Iris die Ufer der Seen, die Weiher und Sümpfe mit ihren eleganten blauen Blüten. Bei ihnen ist der dreizählige Aufbau der Blüte besonders schön zu sehen: Drei aufrechte Domblätter (Petalen) werden von drei Hängeblättern (Sepalen) begleitet. Bei den Bart-Iris ist die obere Mitte der Hängeblätter zusätzlich von einem »Bart« geschmückt. Die Zeichnung der Hängeblätter und ihre Färbung sind wohl auch eine Erklärung, weshalb die Iris den Namen der Göttin des Regenbogens trägt – und natürlich auch den der interessantesten Partie des Auges.

Die Sibirische Iris ist anspruchslos. Sie wächst im Wasser, im Sumpf, aber auch in normaler Garten- und Wiesenerde, braucht aber ausreichend Nährstoffe. Auch sie eignet sich für die Zucht: Es gibt eine Fülle von blauen, violetten und weißen Sorten. Eine kräftig Violette mit weiß gelbem Schlund hat Rosie Sanders gemalt. Normalerweise wachsen sie sehr gerade, aber in der Vase haben sie sich nun etwas gekrümmt. Man sieht gut, dass neben den offenen Blüten immer auch noch Knöpfe in Reserve stehen, die sich erst später öffnen, wenn die anderen schon verblüht sind.

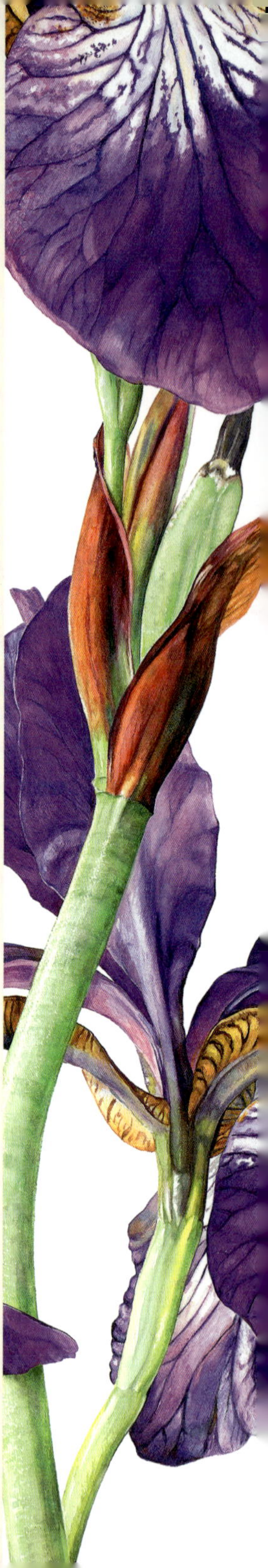

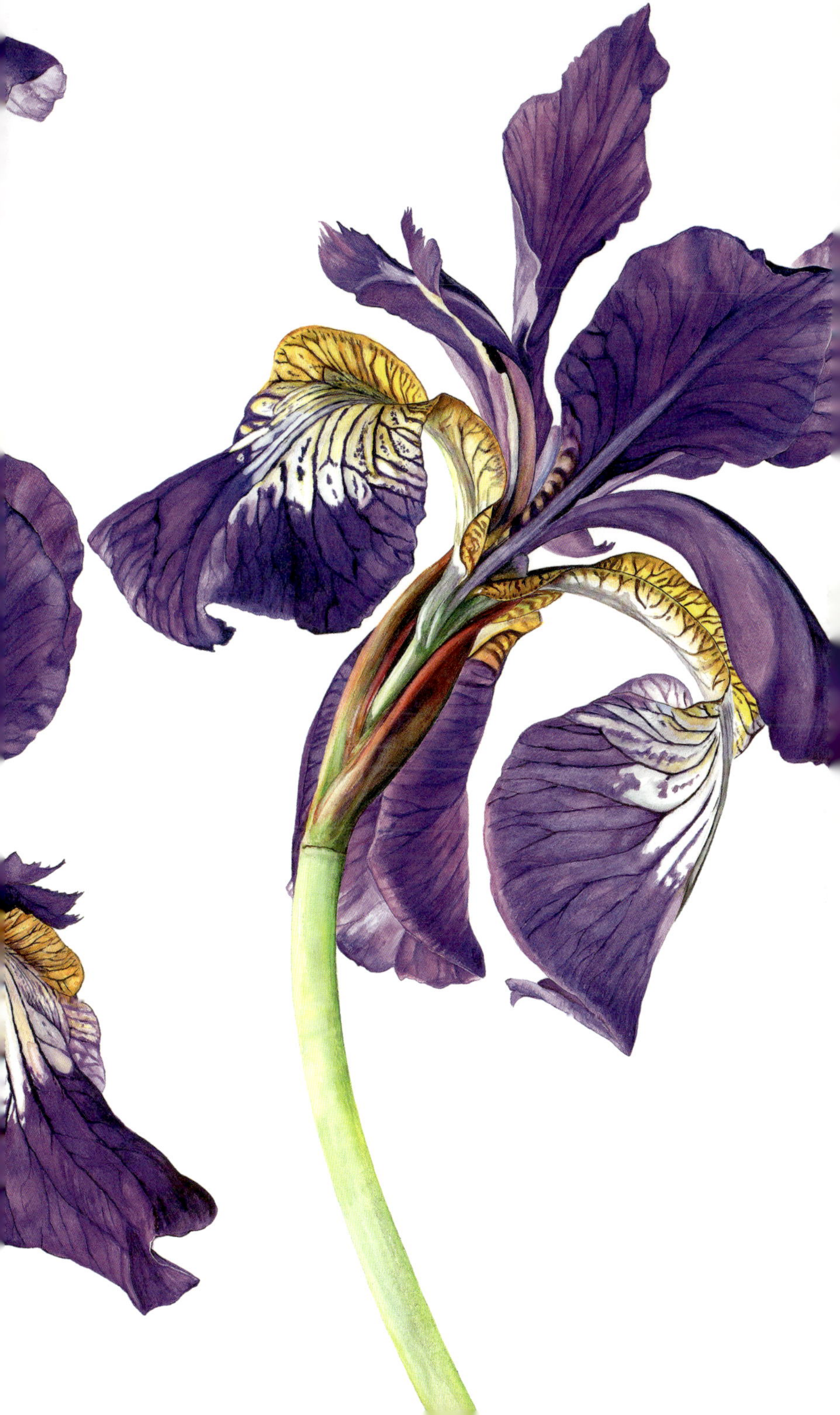

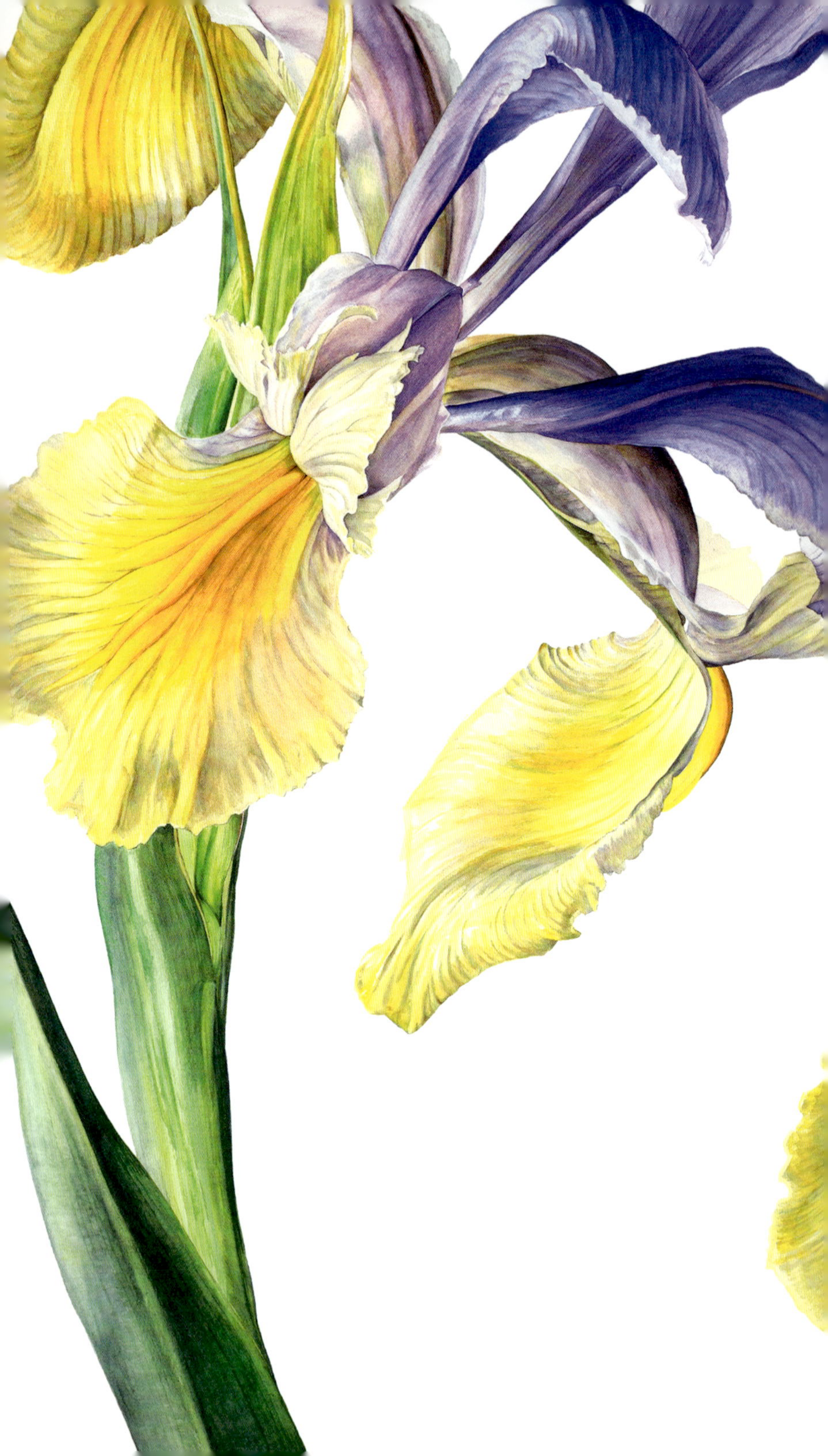

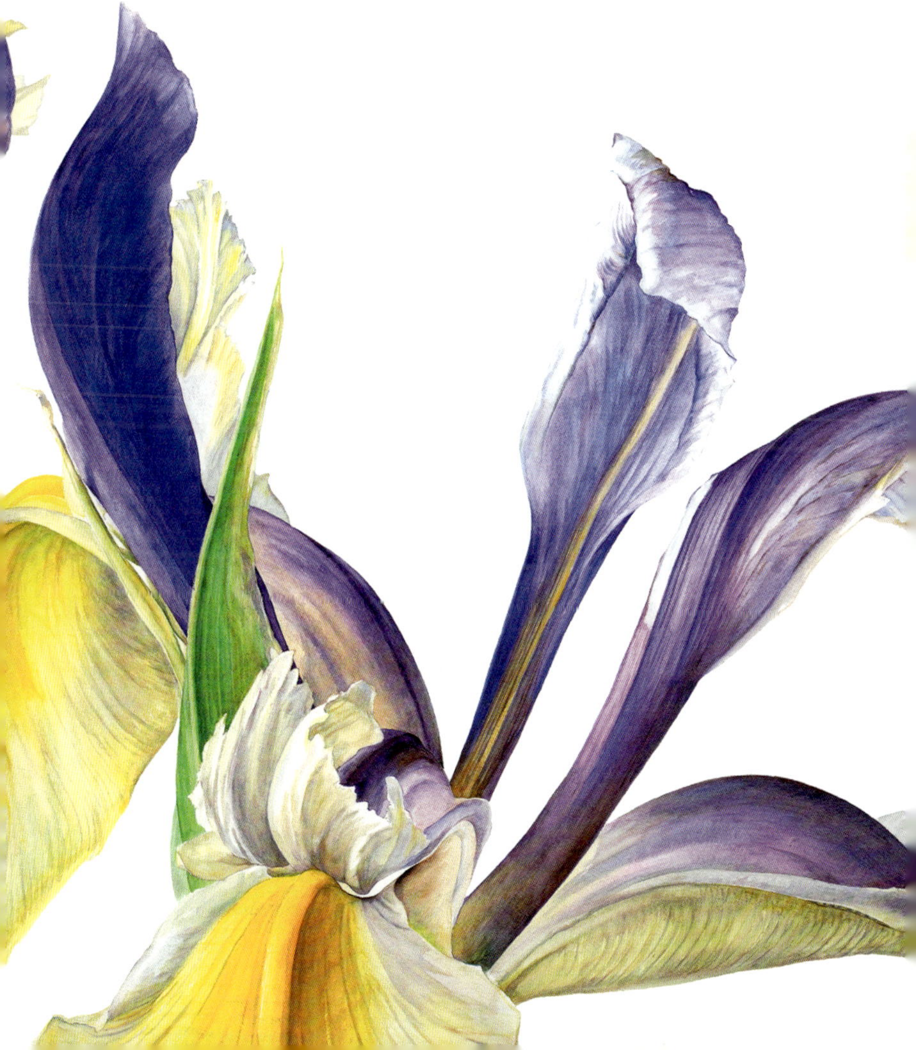

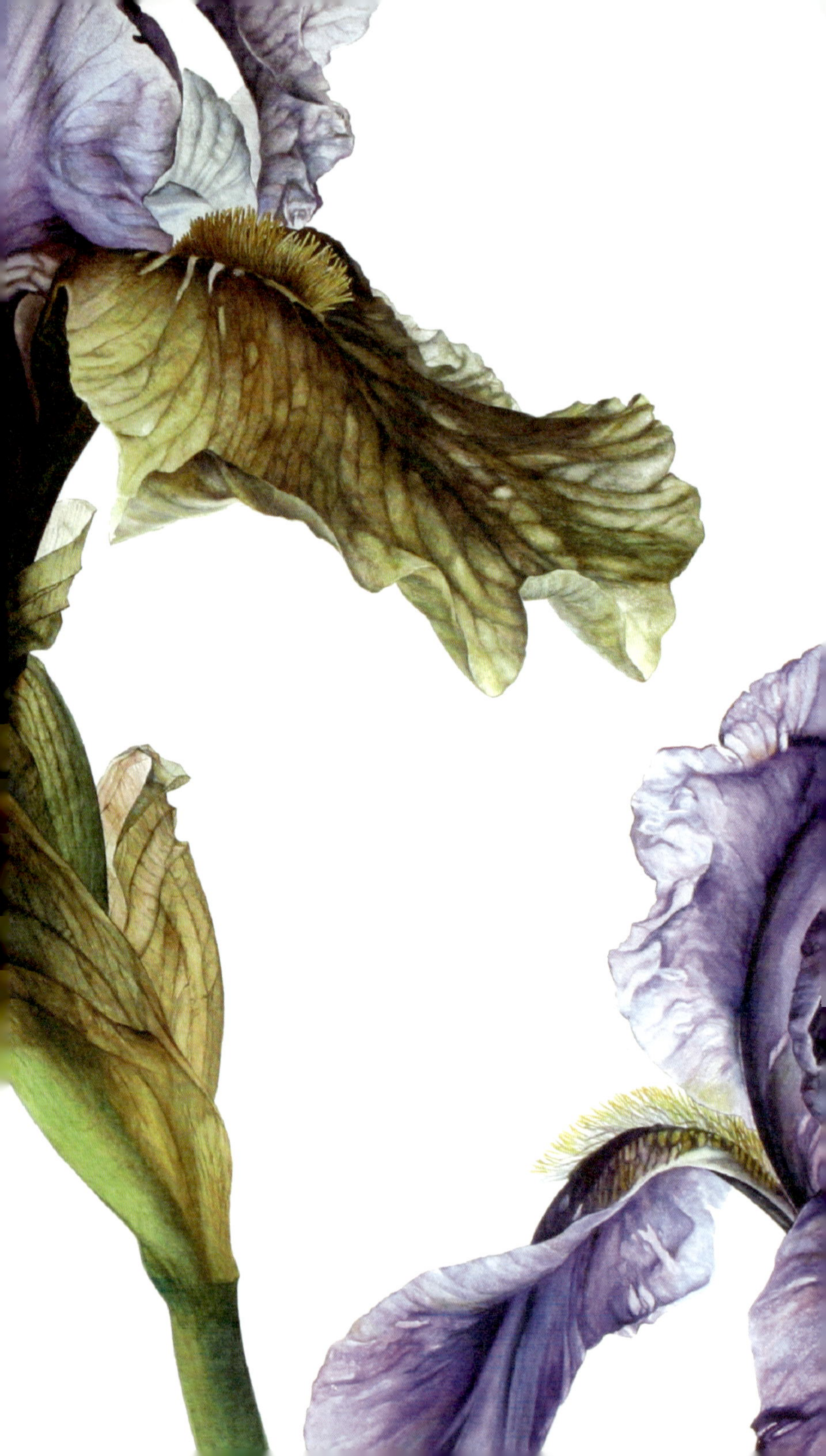

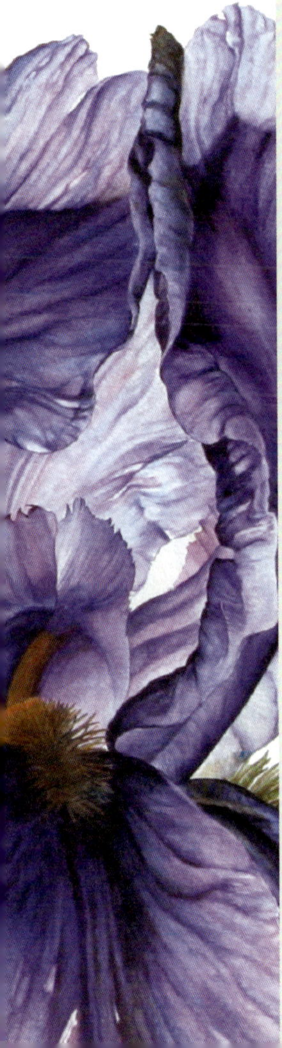

Perfektion

Die Holländische Schwertlilie (*Iris* x *hollandica*) ist eine 1891 entstandene Hybride aus der Spanischen Schwertlilie und weiteren Iris-Arten. Sie wird als Knolle gepflanzt und dient häufig zur Produktion von Schnittblumen, was heute rund ums Jahr möglich ist. ›Miss Saigon‹ (vorhergehende Doppelseite) ist eine besonders beliebte Sorte, da sich zitronengelbe Hängeblätter mit hellblauen Domblättern zusammenfinden. Rosie Sanders setzt sie sehr schön ins Bild und erfasst die dramatische Wirkung der zarten Blüten und der Kombination von Gelb, Weiß, Blau und Grün.

Als Rosie Sanders 2007 die Bart-Iris ›Captain Indigo‹ in einer Gärtnerei in East Anglia fand, war sie sofort hingerissen von den ungewöhnlichen Farben, und sie ist noch immer am Rätselraten, ob die Farbtöne mehr blau, violett oder grau sind, da sie sich je nach Lichteinfall verändern. Tatsächlich ist das Bild außergewöhnlich, die Transparenz der Blätter ist beeindruckend dargestellt und lässt jede Blattader der Blüten deutlich werden. »Perfection« notiert Rosie Sanders als Fazit ihrer beschreibenden Beobachtung der Blüte.

Samtige Raffinesse

Rosie Sanders hat auch eine ähnliche, aber ganz violette Schwertlilie gemalt, diesmal im Gegenlicht. Sie leuchtet wie aus sich heraus und lässt uns jedes Detail der Blüte erkennen, auch die kleinen Haare, die den Bart der *Iris barbata* bilden.

Eine weitere Iris aus ihrem Garten hat Rosie Sanders im gleichen großen Format gemalt: Iris ›Deep Black‹. Schwarze Iris, so hält sie fest, scheinen zu den schwärzesten aller Blumen zu gehören. Es würden sich üppige Farben in dem Schwarz der Hängeblätter vermengen, schön ergänzt durch das dunkle Indigo der Bärte. Ja, wer sie stundenlang beobachtet und zu Papier bringt, beobachtet eben sehr genau. Die Händler bieten die in den Fünfzigerjahren von Cook gezüchtete Iris wie folgt an: Die Domblätter sind tief schwarzviolett, die Hängeblätter massiv pechschwarz mit einem violetten Hauch. Ob die ›Deep Black‹ wirklich die schwärzeste Schwertlilie ist, die es gibt, werden wir wohl nie wirklich feststellen können.

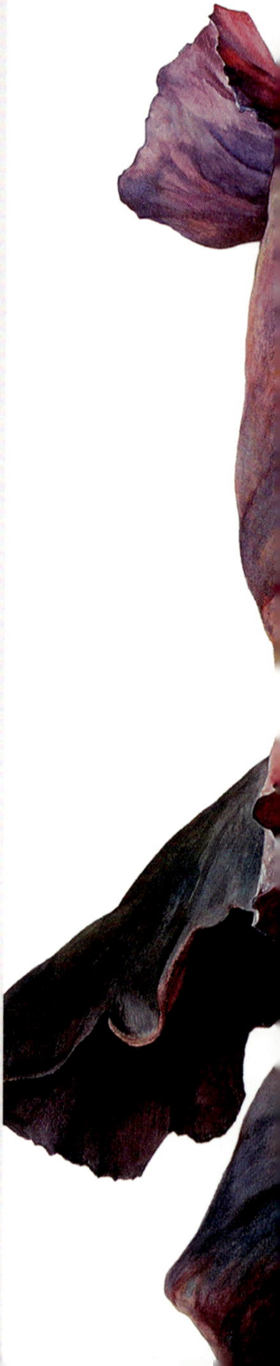

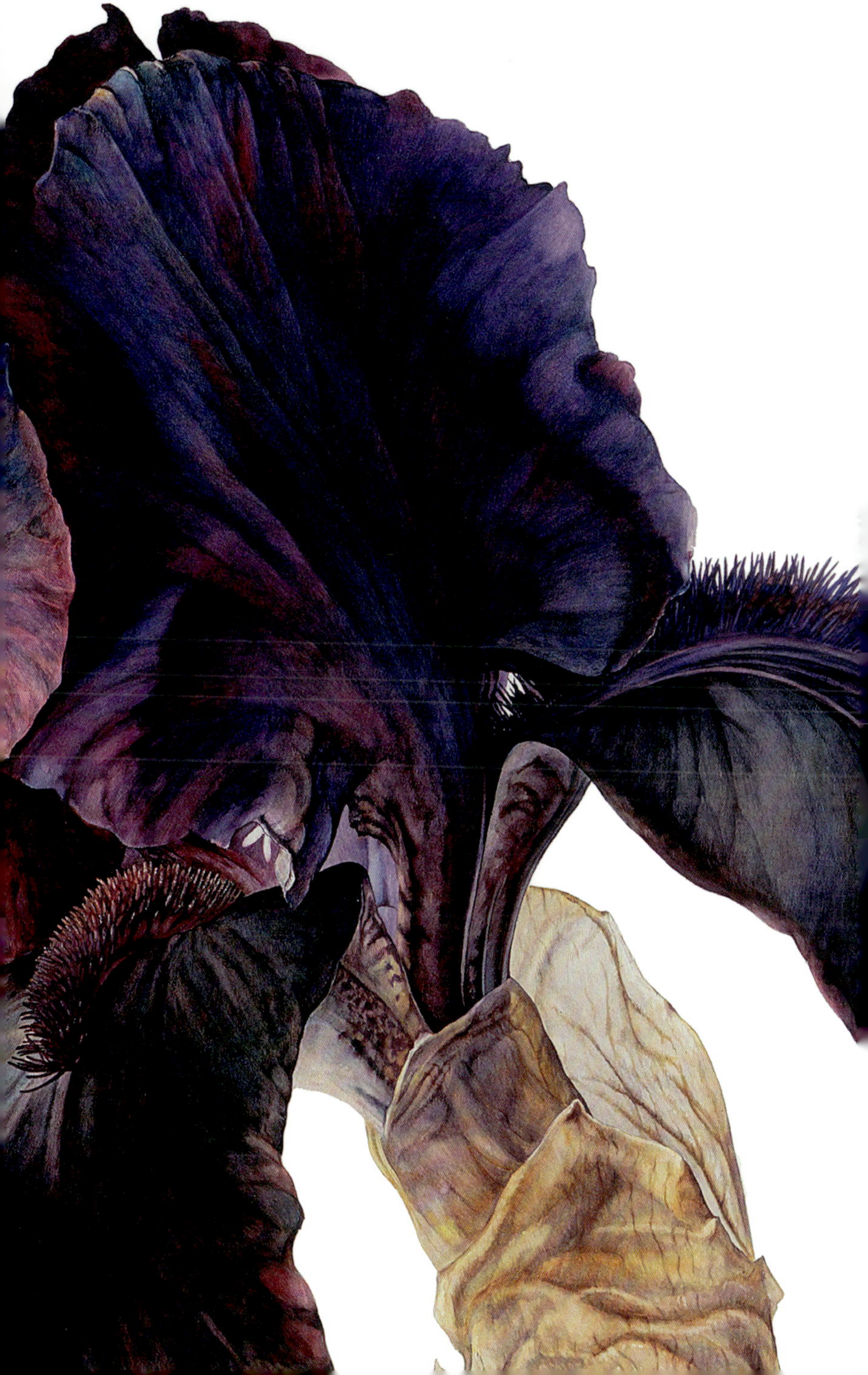

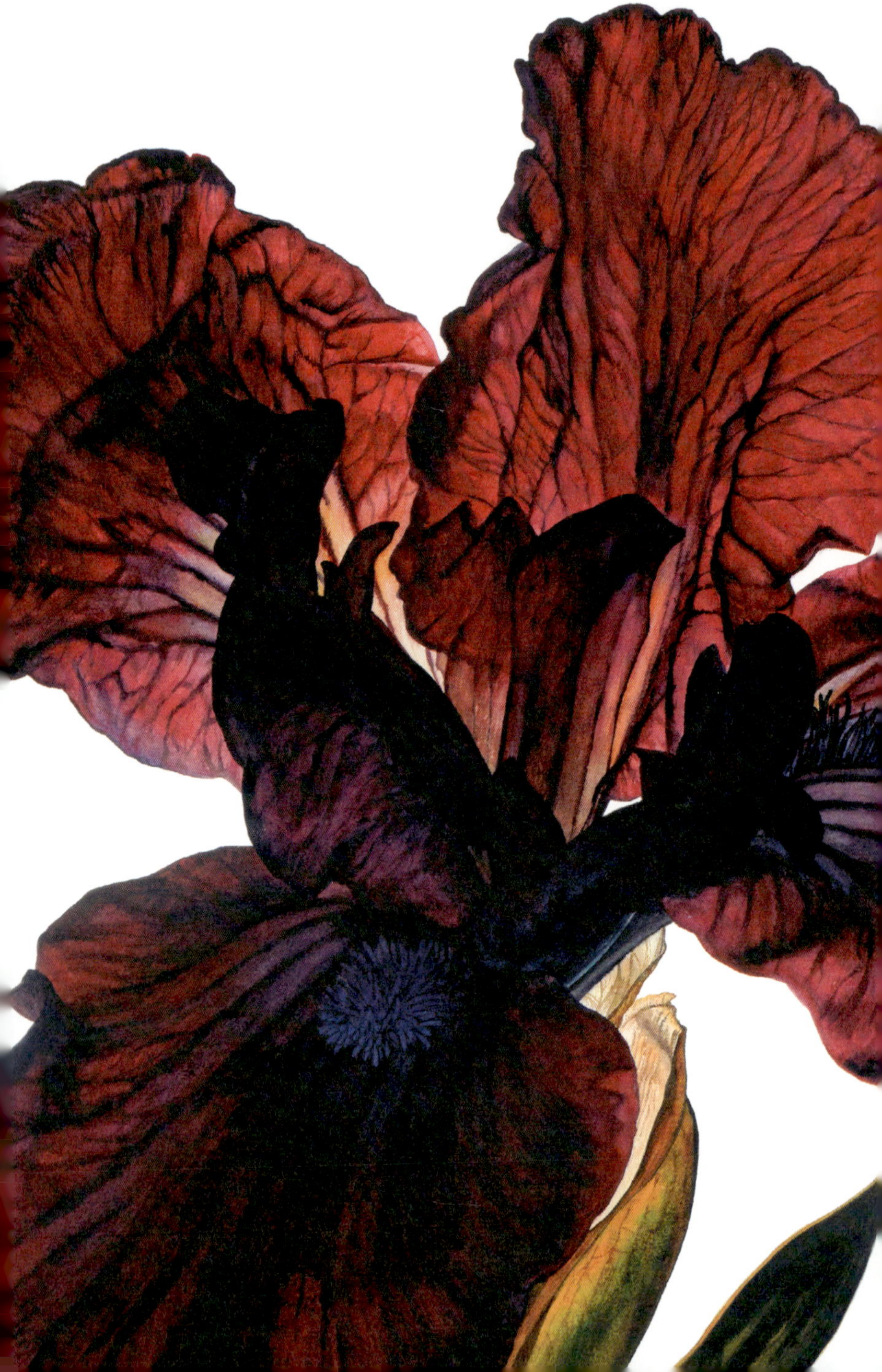

Die Dunkle-Iris-Serie

Fasziniert von den dunklen Farbtönen, hat Rosie Sanders mehrere Serien von prächtigen dunklen Iris gemalt, oft im Gegenlicht – da es die enthaltenen Farben, die man normalerweise kaum sehe, hervorhebe –, oft auch direkt ins Licht gerückt. Sie hält fest, dass sie sich die Namen dieser Zwerg-Bart-Iris leider nicht notiert habe und es ein Ding der Unmöglichkeit sei, deren Farben genau zu identifizieren.

Sie versichert einmal mehr, dass es ihr eben *nicht* um eine streng botanische Arbeit gehe. Ihre Bilder beweisen, wie sehr Rosie Sanders vom Spiel des Lichts und dem, was es in den Blüten auslöst, fasziniert ist. Sie hat ganz einfach großen Spaß daran, diese Bilder zu malen, und daraus ist eine wunderbare Sammlung entstanden.

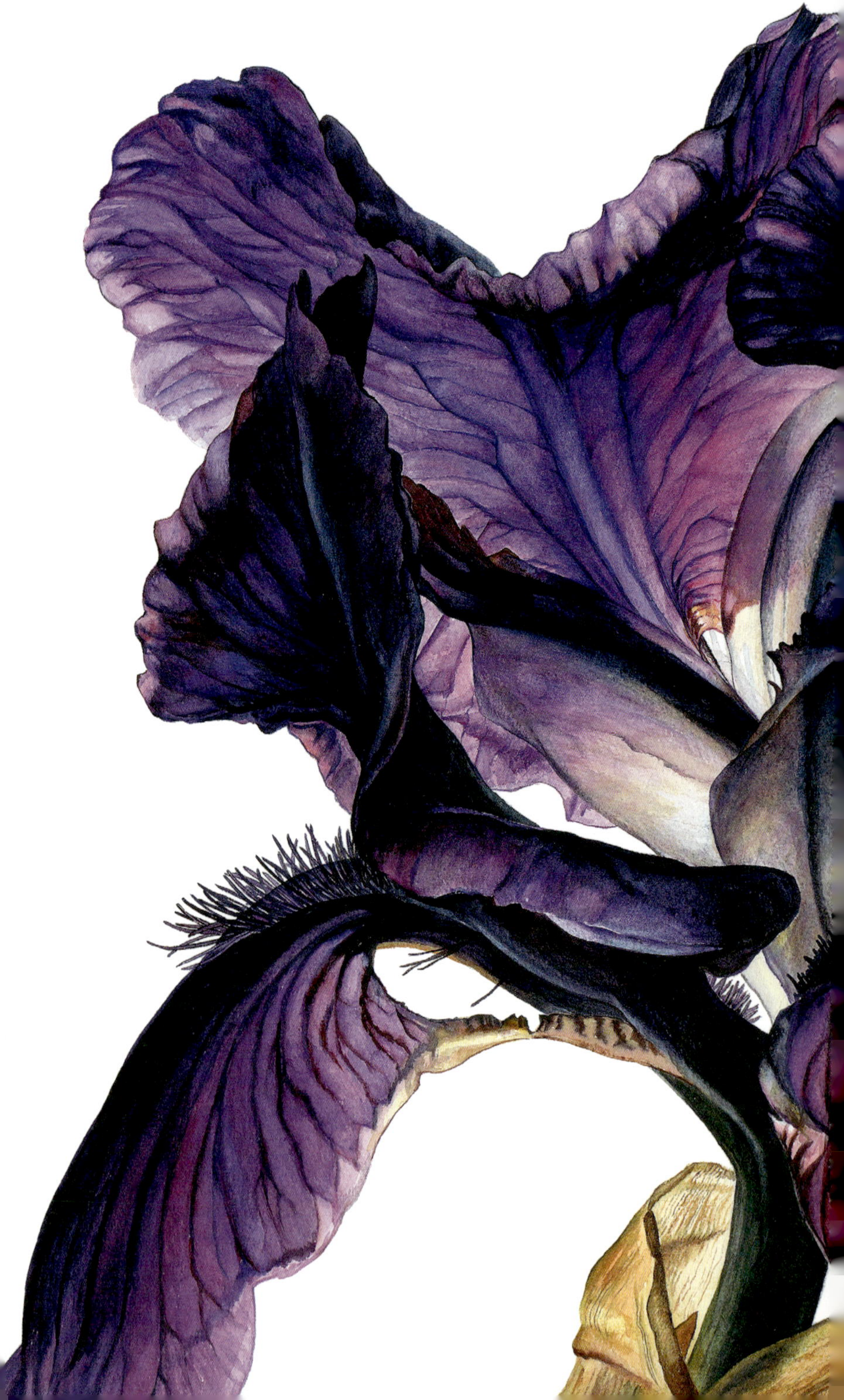

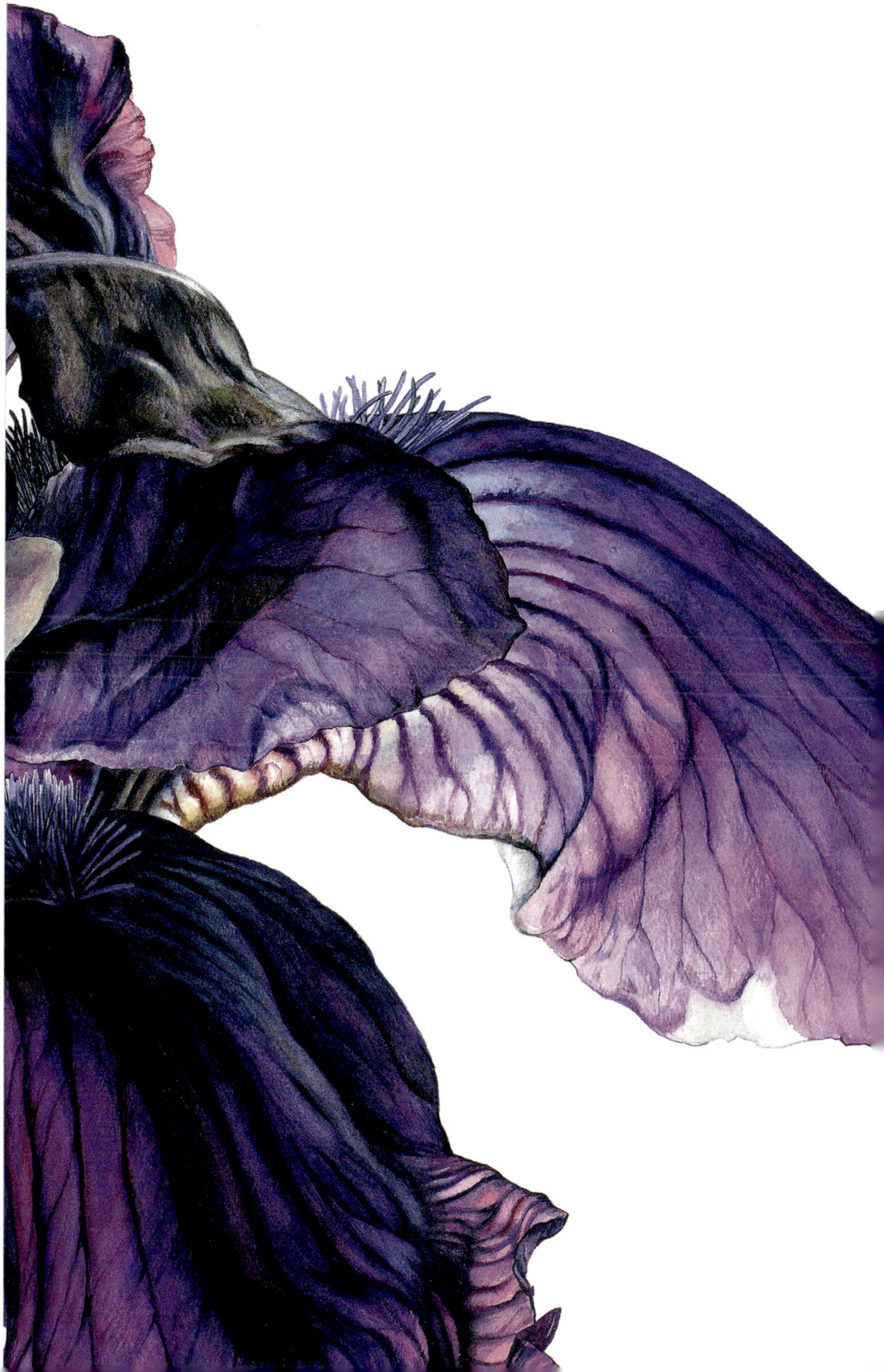

Die Texte von Andreas Honegger wurden für diese Ausgabe gekürzt.

 Bezugspapier: Rosie Sanders. Gesetzt in der Schrift Adobe Garamond Pro. Gedruckt auf holzfreies, alterungsbeständiges mattgestrichenes Papier der Firma Inapa, Hamburg, von der Memminger MedienCentrum AG, Memmingen. Gebunden in Fadenheftung von der Josef Spinner Großbuchbinderei GmbH, Ottersweier. Dieses Buch wurde klimaneutral produziert: climatepartner.com/14438-2110-1001.
Printed in Germany. ISBN 978-3-458-20053-6.
www.insel-verlag.de